Topos plus **Taschenbücher**
Band 387

Albert Höfer

Von der Hoffnung der Liebenden

Beziehungskrisen und biblische Therapie

Topos plus Taschenbücher

Topos plus Verlagsgemeinschaft

Butzon & Bercker, Kevelaer | Don Bosco, München | Echter, Würzburg
Lahn-Verlag, Limburg Kevelaer | Matthias-Grünewald-Verlag, Mainz
Paulusverlag, Freiburg Schweiz | Friedrich Pustet, Regensburg
Styria, Graz Wien Köln | Tyrolia, Innsbruck Wien

Die Deutsche Bibliothek – CIP-Einheitsaufnahme
Ein Titeldatensatz für diese Publikation
ist bei Der Deutschen Bibliothek erhältlich.

Einband- und Reihengestaltung
Akut Werbung GmbH, Dortmund
Satz: Don Bosco Grafischer Betrieb, Ensdorf
Herstellung: Pustet, Regensburg
Printed in Germany

Topos plus - Bestellnummer: 3-7867-8387-X

Inhalt

Beziehungskrisen und biblische Therapie

Schon die Paradieseserzählung sagt: Es ist nicht gut für den Menschen, dass er allein sei. Wir sind als zur Liebe befähigte Wesen berufen, auch im Glück der Liebe zu leben. Schon der geheimnisvollen Stunde, als sich unsere Eltern liebten, verdanken wir unser Dasein – sollte diese Verheißung, die über dem Anfang unseres Lebens steht, nicht die Erfüllung des ganzen Lebens sein? Menschen, die ein Paar geworden sind, haben einander doch einmal erwählt – sollten die vielen Glückwünsche, die man ihnen damals schenkte, nicht wie Samenkörner aufgehen? Sollte die schöne Zeit der jungen Liebe, wie Schiller es formuliert, nicht *ewig* grünen?

Die Leidensgeschichte vieler Menschen ist jedoch nicht selten ein Schmerzensschrei aus zerbrochener Liebe heraus, ein Wehklagen über enttäuschte Erwartungen und ein resigniertes Ermüden einstiger Hoffnungen. Ja, oft scheint es so zu sein, dass gerade sich ehemals Liebende auch genau wissen, wo sie einander verletzen und bis zum Hass quälen können. Die Geschichte von Liebenden ist nur allzu oft und viel zu viel eine Geschichte von bitteren Enttäuschungen: von Liebespaaren und Ehepartnern, von Eltern und Kindern, von Freunden und Freundinnen. Wenn Liebesgeschichten nur viel zu oft zu Leidensgeschichten werden – sollte es für sie keine Heilung geben? Unsere Zeit setzt doch so viel auf Therapie – sollte es sie nicht auch für Beziehungsnöte geben? Und in der Tat, nicht wenige therapeutische Schulen und Richtungen bemühen sich gerade um die Heilung zerbrechender Beziehungen. Sie fordern dann die Klagenden und Anklagenden heraus, ihre Enttäuschungen in alternative Vorstellungen umzuformulieren: „Was willst du statt dessen?" Sie rufen die einstigen Visionen zurück: „Wie sollte es sein?" „Wie hätte es sein sollen, wenn die Verheißungen in Erfüllung gegangen wären?" Sie helfen dann den Enttäuschten Erinnerungen auszugraben, wo sie das Verlorene doch schon einmal besessen hatten. Sie sollten doch gegenüber der Bitterkeit noch einmal den Geschmack kosten, den sie in den geglückten Stunden schon einmal geschmeckt haben ... Lassen sich so vielleicht verschüttete Quellen wieder frei legen? Kehrt Kraft zurück, wenn man sich ihrer wieder erinnert? Es scheint, dass ein oft nur blitzhaftes Aufleuchten alter Verheißungen noch einmal eine Wärme über alle gegenwärtige Kälte wirft – wenigstens so viel, dass *Frieden* einkehrt, auch wenn er oft ein versöhnliches und versöhntes Auseinandergehen und Abschiednehmen bringt. Aber ist das nicht auch schon viel? Oder können uralte Quellen doch wieder zu sprudeln beginnen, wenn auch mit anderen Wassern und verändertem Geschmack?

Die Bibel ist ein Buch, dem nichts Menschliches fremd ist. Das gilt gerade auch für die Nüchternheit, in der sie von allen möglichen menschlichen Beziehungen redet: von Mann und Frau, von Freundinnen und Freunden, von Eltern und Kindern, von Königen und Völkern, von Brüdern und Schwestern, ja selbst von Gott – Jahwe –

und seinem Volk (David, Michal und Bathseba, David und Jonathan, Ruth und Noemi, David und Absalom, Kain und Abel, Mose und die Tänzer ums Goldene Kalb ...) Was man der Bibel manchmal entrüstet vorwirft, nämlich, dass sie streckenweise wie eine Räubergeschichte zu lesen sei, dürfte (vergleichbar den griechischen Tragödien) gerade auch ihre Stärke sein: Sie ist ein untrüglicher Spiegel menschlicher Verhältnisse, sie nennt unser Versagen ungeschönt beim Namen und nennt es schlichtweg, aber rechtens: *Sünde*. Die Bibel erzählt, dass wir Menschen aus Gottes Liebesabsicht und mit seinen Liebeswünschen versehen entstanden sind – kann sie darum auch so ehrlich von den Liebesnöten, von der Unfähigkeit unserer Liebe reden? Entstehen unsere Liebesgrenzen und unsere Liebesunwilligkeit aus unserer Gottesferne? Wird der Gottesverlust nicht auch oft zum Liebesverlust? Vielleicht lässt sich aber am tiefsten Punkt unserer Abgründe die Brunnenkammer der Lebenswasser entdecken? So jedenfalls waren die uralten Bergstädte (wie Mykene, Jerusalem oder Megiddo) gebaut: Ein tiefer Schacht führte bis zu den Brunnenkammern hinab, die durch dicke Befestigungsmauern gegen alle Feinde geschützt waren. Gott als die Brunnenkammer unserer Liebesbeziehungen und unserer Gemeinschaften entdecken – hieße das: die Quellen, die Ressourcen und die Heilungen zerbrochener Beziehungen wieder entdecken?

In der Tat; die Psalmen kennen diesen Weg in die Tiefe: Sie steigen klagend in die Tiefe der Nöte hinab, schöpfen dann aber aus der Tiefe des göttlichen Brunnenwassers, damit die alten Visionen wieder aufleuchten, die verlorenen Kräfte zurückkehren und neue Entscheidungen möglich werden.

Im ersten Teil dieses Bändchens belegen und beleuchten wir diese Schritte der Hoffnung mit Bildern und Erzählungen aus den vielfältigen gestörten, aber auch wieder geheilten Beziehungen, wie sie die Bibel in Fülle malt.

Im zweiten Teil gehen wir den Heilungsschritten der Psalmen nach. Heilungsgeschichten finden sich demnach nicht nur in den Wundererzählungen der Evangelien, sondern auch in den Visionen der Propheten, in den Gebeten der Psalmen und in den biblischen Erzählungen über allerlei mögliche und oft genug auch unmögliche Beziehungen. Die überraschende Ähnlichkeit der Schritte der Hoffnung in den heutigen Psychotherapien mit den Bildern der Hoffnung in der Bibel rechtfertigt den Untertitel des Buches: „Beziehungskrisen und biblische Therapie“.

Im dritten Teil will ich ein Programm vorstellen, wie schon seit Jahren die Kraft des religiösen Helfens und Heilens zunutze gemacht und daraus Methoden und Kurse entwickelt wurden, die der innersten Zusammengehörigkeit von Psychotherapie, Religion und Pädagogik vertrauen.

I. Schritte der Hoffnung als Erlösung

Den religiös empfindenden Menschen ist der Glaube wichtig. Wir hören viel vom Glauben; wir reden über den Glauben, erfragen den wahren Glauben; das Lehramt wacht über die Wahrheit des Glaubens …

Wie sieht es aber aus mit unserer Hoffnung? Unser Leben ist in Entwicklung und von Haus aus unvollendet – die Hoffnung streckt sich nach seiner Vollendung aus. Wir tragen Leid und Kummer – die Hoffnung hält nach deren Überwindung Ausschau. Wir sitzen im Gefängnis unserer Schuld und Endlichkeit – hoffend blicken wir zum Himmel, um diesem Gefängnis zu entrinnen. Alles, was die Schrecken dieser Zeit, die im Argen liegt, ändern kann, geschieht kraft unserer Hoffnung.

Ich bin der Überzeugung, dass für die Bewältigung des menschlichen Alltags die Hoffnung eine größere Rolle spielt als der Glaube: die tatsächlich gelebte Hoffnung. Wem die Hoffnung erlischt, dem erlischt auch die Lebenskraft. Woran liegt es aber, dass wir so wenig Bescheid wissen darüber, was das Hoffen ermöglicht und erbringt; wie es gelernt werden will; wie wir diesen glimmenden Docht nicht löschen, sondern in uns und anderen entfachen … Es gibt ein Lehramt für den Glauben. Wer ist zuständig für die Hoffnung? Für die gelebte Hoffnung der lebenden Menschen unserer Zeit? Und doch heißt Glauben „Feststehen in dem, was man *erhofft*, Überzeugtsein von Dingen, die man (noch) nicht sieht" (Hebr 11,1).

Was *„sieht“* aber die Hoffnung trotzdem? Welche Bilder leiten sie?

Die Karawanen in der Wüste und die Seefahrer auf den Meeren lebten von der Hoffnung, ihr Ziel auch zu erreichen. Diese Wanderer sind zugleich die Urbilder des hoffenden Menschen: Kybernetes, ein Steuermann (er gab der Kybernetik und dem kybernetischen Regelkreis Namen und Inhalt, vgl. gubernare, Gouverneur).

Schließen wir für einige Zeit die Augen und wir hören die Wellen des Meeres schaukeln; spüren den kühlen Wind und die salzige Brise. Über uns wölbt sich der sternenübersäte Himmel und diese Sternbilder geben uns, wenn wir auf dem Meer fahren, Kenntnis darüber, wo wir uns gerade befinden (diese Ortsbestimmung nennt die Fachsprache den „Istwert“).Orientieren wir uns aber an den wunderbar leuchtenden Sternbildern, dann orten wir auch das Ziel, wohin wir gelangen möchten (den „Sollwert“). Wir vergewissern uns ferner darüber, welche Kräfte bzw. Ressourcen an Ruderern, Segeln und Wind, Proviant und Schiffskenntnis uns zur Verfügung stehen, und aus all dem erschließen wir die Richtung, die wir einschlagen wollen und den Fahrplan, den wir einhalten können. Das Ziel vor Augen, die Kräfte in den Armen, schlagen wir die Richtung ein, die uns dem Ziele näher bringt: So und ähnlich mag man den kybernetischen Regelkreis beschreiben, der vielem menschlichen Tun zugrunde liegt.

Ist er ein archetypisches Urbild menschlichen Hoffens? Das ganze irdische Dasein des Menschen mag mit diesem Bild umschrieben sein: Die ewige Heimat vor Augen steuern wir auf sie zu. Die Reise ist mühsam und beschwerlich, sie verlangt den ganzen Einsatz unserer Kräfte und vor allem dies, dass wir die richtige Richtung einschlagen und Meile für Meile erwandern. Viele Felsenzeichnungen, Fußbodenmosaike und archaische Holz- oder Steinschnitzereien deuten auf dieses geheimnisvolle Wissen hin. Träume greifen es auf, Lieder singen die Sehnsucht in die Nacht hinein und der Sternenhimmel spendet Hoffnung und Trost.

Die Strategien der Hoffnung

Würde das Gelingen des Lebens nicht so elementar vom Vorhandensein auch nur eines Funkens Hoffnung abhängen, bräuchte man solche (beinahe trivialen) Bilder nicht beschwören. So aber, da die Seele von ihnen lebt, können wir sie nicht entbehren.

Wir artikulieren die Schritte der Hoffnung nun in der Fachsprache der Psychotherapie und werden erstaunt sein darüber, wie sehr sie den Urbildern ähnlich sind.

1. Wo steckst du? Wie geht es dir? Was möchtest du ändern? Worüber musst du klagen? – Der beklagte und ändernswerte Zustand kann durchaus nur ein Symptom für ein noch tiefer liegendes Missgeschick sein (dem Einzelnen mag dieses sogar noch unbewusst bleiben); dann ist das Symptom zugleich Symbol und Metapher für das „Eigentliche" *(Istwert)*.

2. Was willst du statt dessen, was du beklagst? Wie kannst du es wenigstens in deiner Fantasie entwerfen? Welche Bilder und Ahnungen schaffen dir deine Träume? Kannst du ahnen, was dein verborgenes und „eigentliches“ Ziel ist? Welchen Hauch von Duft hast du davon? Wenn du dieses erahnte Ziel von den Wegen und Mitteln, es zu erreichen, abkoppelst, was zeigt sich dann nur als Mittel zum Zweck, als Weg zum Ziel und nicht als Ziel selbst? Sei nicht bescheiden, wenn du das Ziel fantasierst – das Glück greift hoch! Wenn du dir vorstellst, du hättest das Ziel schon erreicht – welchen Geschmack gibt das deinem Gaumen? Was wird in deinem Leben dann alles verändert sein? Welches Glücksgefühl durchströmt deinen Leib *(Sollwert)*?

3. Was kannst du, du selbst, tun, um diesem Ziel einen Schritt näher zu kommen? Was liegt wirklich in deiner Hand – und damit auch in deiner Verantwortung? Wie kannst du dein Inneres so ordnen, dass die positiven Kräfte über dich Macht gewinnen? Haben sie schon einmal über dich Macht gehabt? Kennst du dieses Gefühl schon aus vergangenen Tagen – ansatzweise, möglicherweise als du noch ganz klein warst? Wenn du dich in dieses Gefühl fallen lässt – wie warm wird dir dann im Körper? Wie geht dein Atem? Wenn dieses eine kleine Erlebnis des ersehnten Guten, das du schon kennst, sich dann ganz in deinem Körper und in deiner Seele verbreitet – welche Quellen werden dann in dir aufbrechen? Über welche Kräfte wird dann deine Seele verfügen? Du könntest das große Ziel nicht erträumen, wenn du nicht schon einen kleinen Vorgeschmack davon besäßest.

Grabe diesen Schatz im Acker aus, er gehört ganz dir *(Ressourcen)*!

4. Welche Richtung wirst du dann einschlagen, da du das Ziel kennst und schmeckst, die Kräfte spürst? Was kannst du selbst tun und in welche Richtung wirst du gehen? Was sind deine Nahziele? Stell dir ganz deutlich vor, wie du dieses und jenes Tun auch erleben wirst, wenn du in die neue Richtung gehst und dem Ziel Schritt um Schritt näher kommst …!

(Vgl. R. Bandler/J. Grinder, Neue Wege der Kurzzeit-Therapie. Reframing, 1986; Claude Steiner, Wie man Lebenspläne verändert, Paderborn 1984.)

Die Psalmen – Wege der Hoffnung

Es wird nun niemand mehr erstaunen, dass die Psalmen, allen voran die Klagepsalmen, aus der uralten Menschheits- und Gotteserfahrung kommen, die von der Hoffnung lebt. Fassen wir die Schritte des Hoffens entsprechend den Schritten des Kybernetes, des Steuermannes der Hoffnung, am Beispiel des Psalmes 102 zusammen:

1. *Die Klage:* Der Psalm 102, Gebet eines Unglücklichen, thematisiert das ganze Elend der menschlichen Sterblichkeit. Der einleitende Text lautet in der Bibel: „Gebet eines Unglücklichen, wenn er in Verzweiflung ist und vor dem Herrn seine Sorge ausschüttet."

Meine Tage sind wie Rauch geschwunden,
meine Glieder wie von Feuer verbrannt.
Versengt wie Gras und verdorrt ist mein Herz,
so dass ich vergessen habe, mein Brot zu essen.
Vor lauter Stöhnen und Schreien
bin ich nur noch Haut und Knochen.
Ich bin wie eine Dohle in der Wüste,
wie eine Eule in öden Ruinen.
Ich liege wach, und ich klage …
(Ps 102,4–8)

2. *Die Vision:* Die große Vision der Zukunft, der „anderen" Zukunft, kommt mit dem Blick auf Gott Jahwe:

Du aber, Herr, thronst für immer und ewig,
dein Name dauert von Geschlecht zu Geschlecht.
Du wirst dich erheben, dich über Zion erbarmen;
(Ps 102,13–14)

3. *Die Erinnerung* (die Ressourcen): Der betende Mensch vergewissert sich auch der Kräfte, aber es sind nicht seine Kräfte, sondern Gottes Hilfe und Kraft. Auf sie baut er und sie stehen ihm zur Verfügung:

Er (der Herr) wendet sich dem Gebet
der Verlassenen zu,
ihre Bitten verschmäht er nicht.
Dies sei aufgeschrieben für das kommende Geschlecht,
damit das Volk, das noch erschaffen wird,
den Herrn lobpreise.
(Ps 102, 18–19)

4. *Die Aufgabe:* Auch die Schritte in die neue Zukunft geht der Beter mit Gott zusammen, ja es sind eigentlich die Schritte Jahwes selbst:

Denn der Herr schaut herab aus heiliger Höhe,
vom Himmel blickt er auf die Erde nieder;
er will auf das Seufzen der Gefangenen hören
und alle befreien, die dem Tod geweiht sind,
damit sie den Namen des Herrn auf dem
Zion verkünden
und sein Lob in Jerusalem,
wenn sich dort Königreiche und Völker versammeln,
um den Herrn zu verehren.
(Ps 102, 20–23)

Eine größere Verwandlung, als dieser Beter sie erschaut und erhofft, kann es auf Erden überhaupt nicht geben: Aus dieser Todesnot und schmerzlichen Endlichkeit steigt er auf zur Schau der Vollendung der Welt, zur Offenbarung Gottes und zum unsterblichen Lobpreis der Völker vor ihrem Gott, dem ewigen Gott!

Jesu Hoffnung – das Reich Gottes

Die Strategie der Hoffnung, wie wir sie einerseits in den Therapieverfahren und andererseits in den Psalmen vorfinden, enthält wirklich beide Male die gleichen Schritte – mit eben jener charakteristischen Unterscheidung, dass dort, wo sich der Leidende und Hoffende die Hilfe aus seinen inneren Quellen und aus den besseren Umständen erwartet, der Psalmenbeter diese von Gott erhofft. Gott liegt als der Grund seines Hoffens vor ihm. Gott kommt auf ihn zu, wie uns das Licht von der Sonne und das Wasser von der Quelle zuströmt.

Jesus erwartet sich alles vom kommenden Gott: Er wird unter uns sein; er selbst wird sich uns schenken und unser Dasein, ja die ganze Welt verwandeln. „Malkut Jahwe" (Reich, Herrschaft Gottes) ist Jesu Zauberwort, das alles zum Klingen bringt. Für das Reich Gottes lebt er und stirbt er. Das Reich Gottes ist der Inhalt seines Verkündigens und seines Tuns: Es ist seine Hoffnung für alle Menschen und für alle Welt. (Was mag das wohl bedeuten, dass im Stichwortverzeichnis des Weltkatechismus zwar sechs Spalten dem Stichwort „Kirche" gewidmet sind, das Stichwort „Reich Gottes" oder „Himmelreich" aber gänzlich fehlt?) In Gleichnissen und Sinnsprüchen, in verdichteten Formeln und psalmartigen Gedichten kreist Jesu Sprechen um das Thema „malkut", den Bereich der Herrschaft des Vaters. Ist es Zufall, wenn wir in seiner Verkündigung ebenfalls der Strategie der Hoffnung begegnen und wir daraus unser Hoffen ableiten können?

1. *Die Klage:* Jesus sieht die Menschen in ihrer Not und Gottesferne und redet gerade sie an:

> *Selig ihr Armen, ihr Weinenden, ihr Hungernden*
> *(vgl. Lk 6,20–23),*
> *ihr Unmündigen und Kleinen (Mt 11,26).*

Und wir, die so Gemeinten und Angeredeten, können dann beten:

> *Gib uns heute unser tägliches Brot, vergib*
> *uns unsere Schuld, führe uns nicht in Versuchung!*
> *(vgl. Mt 6,11–13)*

2. *Die Vision:* Jesus hat die Vision der großen Verwandlung beim Kommen Gottes vor Augen und kann darum zu uns sagen:

> *Selig seid ihr, denn:*
> *Gott wird sich euch selbst mitteilen – sein Reich ist euer!*
> *Gott selbst wird euch trösten – ja, er ist euer Trost!*
> *Gott selbst wird euren Lebenshunger stillen –*
> *ja, er ist eure Sättigung!*

Die Beter des Jesusgebetes beginnen darum mit der großen Vision:

> *Abba – guter, gütiger Vater!*
> *Dein Name werde geheiligt. – Du, du gehe über alles!*
> *Dein Reich komme! – Du, du selbst schenke dich uns!*

3. *Die Erfahrung:* Die Hoffnung auf die große Verwandlung durch das endgültige Kommen und Eindringen Jahwes ist nicht eine Utopie (ein Nirgendwo), sondern stützt sich sehr wohl auf schon erfahrene Zuwendung und Zärtlichkeit Gottes; sie stützt sich gleichsam auf partielle Verifizierungen, die ausreichen, an das Endgültige zu glauben und darauf zu bauen.

Aus der neuen Erfahrung resultiert das neue Verhalten als die Praxis des Reiches Gottes:

Selig die Friedensbringer und Heilsstifter:
denn gerade sie sind die Gottesmenschen!
Selig die Barmherzigen:
denn gerade sie sind die Empfänger von
Gottes Erbarmen!
Selig, die lauteren Herzens sind:
denn gerade sie werden Gott erfahren, schauen,
kosten, hören! (vgl. Mt 5,5–8)

4. *Die Aufgabe:* Zu dieser neuen Praxis fordert Jesus immer wieder auf und gibt dieser Suchbewegung Motivation und Grund:

Suchet zuerst das Reich Gottes und seine Praxis –
Und alles andere wird euch hinzugegeben werden!
Denn wer bittet, der empfängt!
Denn wer sucht, der findet;
Und wer anklopft, dem wird geöffnet!
(vgl. Mt 6,33 und Lk 11,10)

Das Reich Gottes beschränkt sich weder auf das Judentum noch auf die Kirche. Es gilt jedem Menschen, jedem Volk und jeder Religion. Die alttestamentlichen Visionen von der Herrschaft Gottes zielen auf die Völkerwallfahrt zu Gott, die kein Volk ausgrenzt. Gottesreich und Gottesvolk gehören in diesem Sinn auch zusammen, so dass sich „Kirche" nicht mit den Grenzen einer Konfession deckt.

Bilder der Hoffnung in Beziehungskrisen

Mann und Frau jenseits von Eden: Adam und Eva

Die Klage: Der aus dem Paradies vertriebene Mensch (Gen 3,8–24)

Der Garten Eden, das war das Paradies – aber dort leben Adam und Eva nicht mehr. Wer wüsste das nicht! Adam und Eva sind das Urelternpaar und sind gleichzeitig das Spiegelbild eines jeden Ehepaares. Wir sind dieses Paar: Du bist Eva und ich bin Adam … Wir wissen es, dass wir nicht mehr im Paradies leben, unser Leben ist schwer und hart geworden …

Eva mag zu Adam sagen: „Merkst du auch, wie schwer ich es mit den Kindern habe? Die Mühen und die Schmerzen einer jeden Geburt, die tägliche Versorgung der Kinder, die schlaflosen Nächte, der Haushalt und der Beruf … und wenn du von der Arbeit heimkommst, erwartest du wie selbstverständlich, dass …"

Und was erwidert Adam? „Merkst du, wie ich unter der Last des Berufes leide? Wie er mich zu erdrücken droht, mir die Kräfte raubt? Im Schweiße meines Angesichts … Disteln und Dornen …"

Welches Paar mag sich in diesem Zwiegespräch nicht wiedererkennen! Was sagt die Erzählung alles aus? Was kann man in ihr alles entdecken? Was würde *ich* als Mann sagen? Welches Lied kann *ich* als Frau singen? Was möchte *ich* schon längst meinem Partner sagen?

Die Vision: Adam und Eva im Paradies (Gen 2,15–25)

Wie anders ist doch diese Stelle! Was sehen wir statt der geplagten Menschen, wie anders schaut doch die Welt um sie herum aus! Haben wir nicht auch einmal so begonnen ... wie im Paradies? Erinnerst du dich noch daran? Wie es uns zueinander drängte und einer das Glück des anderen war, war die Welt um uns herum so verwandelt, weil wir ganz füreinander da waren? Du warst für mich das Paradies auf Erden. Nur durch dich wurde mein Leben ganz und rund. Ich konnte dein Kommen kaum erwarten. Jede Umarmung war wie die Vereinigung von Himmel und Erde ...

Ja, wir kennen das Paradies, denn wir haben es erlebt! Ich blättere in meinen Erinnerungen wie in einem Fotoalbum, ich schaue die Bilder unseres ersten Glücks an, damals ... Ich will wieder in diese Welt eintauchen. Damals war alles wie ein Sonnenaufgang, wie eine einzige Verheißung ... soll das alles vergangen sein? Es kann doch in der grenzenlosen Bildgalerie unseres Hirns nicht gelöscht sein! Ich lasse die glücklichen Tage wieder aufsteigen ... diesen Tag... diesen ... Ich habe mich so auf dich gefreut, ich habe dich doch erwählt, dich und niemand anderen erwählt, denn ... Du warst für mich ... Du, der liebenswerte Mensch von damals, bist doch ... Nur bei dir ... wir zusammen ... Wer hat uns zusammengeführt? Was hat uns alles verbunden? Wer hat alles um uns herum zum Paradies gemacht? Ein Schicksal hat uns verbunden. Unser Schöpfer war es, seine Hand hat uns verbunden. Nun sind wir Verbundene, Verbündete ... Er selbst hat sich uns verbunden und verbündet. Wo sind die Stunden des Anfangs? Gibt es ihn noch, diesen Anfang, diesen Ursprung?

Die Erinnerung (die Ressourcen):
Der Schöpfergott als Töpfer (Gen 2,4b-9)

Der Prophet Jeremia wurde einmal in die Töpferstraße Jerusalems geschickt: „So ging ich zum Haus des Töpfers hinab. Er arbeitete gerade mit der Töpferscheibe. Missriet das Gefäß, das er in der Arbeit hatte, wie es beim Ton in der Hand des Töpfers vorkommen kann, so machte der Töpfer daraus ein anderes Gefäß, ganz wie es ihm gefiel. Da erging an mich der Spruch des Herrn: Kann ich nicht mit euch verfahren wie dieser Töpfer, Haus Israel? – Spruch des Herrn. Seht, wie der Ton in der Hand des Töpfers, so seid ihr in meiner Hand, Haus Israel" (Jer 18,3–6).

Du, unser Gott: Du bist unser Töpfer und wir sind dein Ton. In deinen Händen formst du uns zu deinen Gefäßen, heute noch, wie eh und je ... Ich bin in deiner Hand, an mir formst du ... Du trägst das Bild von mir in deinem Herzen, wie du mich haben willst. Auch ich bin ein Lieblingsgedanke von dir. Du hörst nicht auf, an mir zu arbeiten und mich zu gestalten, bis ich dein Ebenbild geworden bin ... Wie sperrig mag ich als Material oft in deinen Händen liegen, erlebe ich als harten Schmerz, was deine entschlossenen Zugriffe sind, die mich nicht aufgeben wollen? Ist manche Gluthitze des Lebens nur der Feuerbrand des Brennofens? Was willst du aus mir noch machen? Was kann aus mir werden? Und liegt mein Mann, meine Frau nicht auch so in deinen Händen ... in den unermüdlichen und verlässlichen? Wenn ich so meinen Partner betrachte – als Bein von meinem Bein, als Fleisch von meinem Fleisch: wir, diese Doppelfigur in deinen Händen? Was dürfen wir dann hoffen!

Die Aufgabe: Die Taube mit dem Ölzweig (Gen 8,8b-12)

Wie hat doch Noah nach dieser Taube Ausschau gehalten! Was hat er sich doch alles von ihr erwartet? Was dürfen wir uns von ihr erwarten? Wie werden wir von jenseits von Eden doch noch einen Traum von unserem Paradies retten? … Oder liegt das Paradies, das du für uns bereitet hast, eher vor als hinter uns? Ein gelobtes Land nach langer Wüstenwanderung? Dann werden uns auch die Enttäuschungen nicht entmutigen, die Leiden nicht erdrücken. Alles Harte hat uns als Gefäß geformt und gebrannt, hat uns zur Ausdauer und Geduld erzogen, auf eine Hoffnung hin, die nicht trügen kann … Denn wir wissen um deine Liebe zu uns … unser Herz weiß davon. Deine Liebe ist ausgegossen in unsere Herzen durch deinen Heiligen Geist, den du uns gegeben hast (vgl. Röm 5,5). Hast du dein Paradies uns ins Herz gebrannt?

Dem Brudermörder verzeihen: Kain und Abel

Die Klage: Der Brudermord (Gen 4,1–16)

Kain hat Abel erschlagen. Eine Szene, die den Augen weh tut. Die Brutalität des Schlägers schreit zum Himmel …und erst recht das Blut des schuldlosen Opfers Abel. Der Hirt, wie ein Lamm erschlagen … Vor der Tür Kains hat die Sünde wie ein Dämon gelauert, um ihn zu versuchen. Gott hatte ihn gewarnt, vergeblich … Was hat Kains Blick so düster gemacht, dass er nicht mehr aufschauen konnte? Fand er sich so benachteiligt, weil Gott auf das Opfer seines Bruders schaute, auf sein eigenes aber nicht?

Müssen Geschwister immer wieder aufeinander so eifersüchtig sein? Glaubt der Erstgeborene sich benachteiligt, weil die Mutter natürlich „mehr“ auf das Kleinere schaut? Projiziert Kain seine Eifersucht auf Gott? Macht er ihn (oder die Mutter) für die (scheinbare) Bevorzugung verantwortlich? Oder fühlt sich das jüngere Geschwister immer wieder als Opfer, weil es das ältere nie einholen kann? … Muss der ewige Geschwisterneid immer wieder zum Hassen und Morden zwischen den Menschen und Völkern führen? Wie kann dieser Teufelskreis durchbrochen werden?

Angenommen: Ich bin tatsächlich in der Rolle Abels und habe meinem Bruder, meiner Schwester viel vorzuwerfen – was würde, was muss ich ihm/ihr sagen? Du hast … Du hast mir … Ich kann nicht vergessen, dass … Warum hast du?

Dann sage ich ihm/ihr auch, was mir so weh getan hat. Wo mein Geschwister mich so getroffen hat: Das tut so weh … heute noch … Ich spüre es buchstäblich in meinem Leib.

Bin ich aber in der Rolle Kains, was sage ich dann zu meinem Bruder, meiner Schwester „Abel“? Du wurdest mir immer vorgezogen. Du konntest … Ich aber musste … Ich kann heute noch nicht ertragen … Oder: Auch mir tut noch immer weh, dass …

Die Vision: Der Lebensbaum und der Baum der Erkenntnis (Gen 3,1–13)

Der Anblick des Lebensbaumes lässt aufatmen. Der Lebensbaum ist die Mitte des Paradieses. Er sollte auch die Mitte meines Lebens sein ... Er ist als meine Mitte von Gott gedacht und geschaffen.

Der Baum des Lebens spricht zu mir: Ich bin ein Baum voll Kraft, voll Blüten und voll Lebensfrucht. Ich wachse aus der Erde und strecke mich zum Himmel. Ich breite meine Äste wie Arme aus. Von meinen Früchten kannst du dich nähren ... Ich bin wie eine Quelle, aus der vier Ströme entspringen, Lebensströme, die auch in alle vier Himmelsrichtungen deines Lebens fließen ... Die Mitte deines Gartens ist strömendes Leben, reines Geschenk ... Dir bin ich von Gott neidlos zugedacht.

Von allen Bäumen des Gartens darfst du essen, du sollst auch alles erfahren, alles erleben, was gut ist. Was für dich aber böse ist, das sollst du nicht erfahren ... Meide es ... Findest du eine Tollkirsche, dann iss nicht von ihr ... Wenn du von diesem Baum isst, dann musst du sterben.

Aber es gibt noch einen Baum im Paradies. Der Baum der Erkenntnis von Gut und Böse sagt zu mir: Du sollst vom Lebensbaum essen ... In deiner Hand liegt die Entscheidung, wovon du lebst. Du nährst dich ja nicht wie ein Tier durch Instinkte. Du bist ein Mensch und kannst selbst entscheiden, du musst dich entscheiden, denn keine Entscheidung ist auch schon eine Entscheidung. Erlahme nicht, steck es nicht weg ... auch vor deiner Tür lauert die Sünde ... Sie nebelt dich ein, denn sie bagatellisiert: „Wer weiß, ob es Gott so ernst gemeint hat?“ Hör nicht auf sie! ... Entscheide dich, nur das Gute zu erfahren, nur zu wählen, was gut für dich ist. Musst du unbedingt die Erfahrung des Bösen auch noch machen? … Achte auf den Lebensbaum: Seine Wurzeln umklammern dein Herz, sein Stamm erhebt sich an deinem Rückgrat entlang. Seine Äste breiten sich mit deinen Armen aus. Dein Haupt ist seine Krone, die sich zum Himmel erhebt. … Deine Quellen versiegen nicht, sie durchströmen deinen ganzen Garten, Menschen und Tiere werden daraus trinken … Kain … Abel … kehrt zurück!

Die Erinnerung (die Ressourcen):
David und Jonatan (1 Sam 20,1–21,1)

Ein ungleiches Paar und doch sind sie sich so gleich … Der arme, niedrige „Hirtenbub" findet die Freundschaft des Königssohnes. Sie tauschen die Kleider … Ich, „David" werde mit dem bunten Rock Jonatans geschmückt, er gürtet sein Schwert um mich. Ver-zeihen heißt: Nicht mehr „zeihen", das heißt: nicht mehr anklagen, nichts mehr vorhalten. Verzeihen muss nicht sofort Versöhnung mit dem alten Gegner sein, ein Abschiednehmen ohne Groll und Zorn ist schon ein hohes Gut des Friedensstiftens.

Versöhnen wäre ein Schritt mehr: Nämlich das Wiederaufnehmen der alten Gemeinschaft. Es ist wunderbar, wenn das möglich ist.

Neue Gerechtigkeit und Liebe können mir aber oft von jemand anderem kommen, den ich erst entdecke, wenn ich frei geworden bin von alten Fesseln, frei für einen neuen Tag, einen neuen Menschen … Gott, der sich mit uns verbunden hat und sich uns verbündet, weiß und hilft uns, dass auch wir uns immer und immer wieder jemandem verbinden und uns gehalten und gebunden wissen dürfen.

Was darf ich hoffen, wenn ich vergessen und verzeihen kann? Was kommt auf mich zu (Zu-kunft), wenn ich Gewesenes vergangen sein lasse? Spüre ich, wie gut es tut, so durchzuatmen?

Die Aufgabe: Geburt Esaus und Jakobs (Gen 25,19–26)

Wir sehen eine rätselhafte schwangere Frau vor uns: Es ist Rebekka, die Frau des Altvaters Isaak, in deren Mutterschoß ihre zwei Söhne Jakob und Esau schon miteinander rivalisieren. Diese Frau könnte auch Eva sein, die Mutter aller Lebendigen; abstrakt würden wir sagen „die Menschheit". Was trägt die Menschheit in ihrem Schoß? Welche Kinder sind die Menschenkinder? Sind es immer wieder Kain und Abel oder Romulus und Remus, die einander ermorden. Oder sind es die ebenfalls bis auf den Tod Verfeindeten Jakob und Esau, die nach langen leidvollen Jahren doch noch zur Versöhnung fanden?

Die Bibel ist sehr realistisch. Sie weiß nur zu gut, dass der Friede nicht der Anfang, sondern bestenfalls das Ende langer Bemühungen ist. Wie bitter nötig haben wir es darum, den Frieden immer wieder zu lernen, Verzeihung zu üben und Versöhnung herbeizuflehen.

Gott, du allein, du siehst unsere Entzweiungen, du kennst unseren Hang zu Neid, Feindschaft und Hass. Du weißt nur zu gut, dass des Menschen Herz von Jugend auf auch auf das Böse gesinnt ist: Erlöse uns aus dem Bösen. Hilf uns, das Verzeihen neu zu lernen … die mühsamen Schritte zu gehen, die nicht so selbstverständlich sind.

Hilf mir: Ich denke an diesen und auch an jene, denen ich verzeihen soll, denen ich auch verzeihen will, wenn es nicht so schwer wäre. … Doch von wem sollte ich das Verzeihen lernen, wenn nicht von dir? Du verzeihst uns, weil du den Frieden und die Versöhnung mit uns willst. Du wartest nicht, bis wir dich verstehen, sondern du bittest uns: „Lasst euch mit mir versöhnen!“ (vgl. 2 Kor 5,18) Wandle du jede Kainsgeschichte zwischen den Menschen und Völkern zur Geschichte des heimgekehrten Sohnes, den du mit offenen Armen aufnimmst und seinem Bruder zuführst!

Aus der Enge der eigenen Familie ausziehen: Noah und seine Familie

Die Klage: Die Sintflut (Gen 7,7–8,5)

Wir haben eine Bibelstelle vor uns, die zwar schön erzählt ist: Die Farben, die Ausdruckskraft, die Formen … Was aber ging wirklich vor? Nach der einen Erzählversion (dem „Jahwisten“) handelte es sich um ein Schilfboot auf den großen Flüssen Nil oder Tigris: Zusammengebundene Schilfmatten, die mit Erdpech verschmiert und wasserdicht gemacht worden waren, trieben mit ihrem flachen Boden auf den Strömen dahin – und nun ein so großes Boot, das eine ganze Familie samt den wichtigsten Haustieren fasste. Es treibt im offenen Meer und im wilden Sturm. Nach der anderen Version, der 500 Jahre später entstandenen „Priesterschrift“, hat das Boot bereits die symbolischen Ausmaße des Kölner Doms erreicht, um alle Tiere des Erdreichs fassen zu können – die Geschichte wird also zum universalen Mythos. Jedenfalls ist da ein Familienboot unterwegs, eine Familie in ihrem Haus … oder will uns das Bild vor Augen führen, wie es einer Familie überhaupt ergehen mag?

Eine Familie (*meine* Familie): Sie sind alle zusammen, aber auf der Flucht. Die Erde speit ihre Fluten aus, alles soll untergehen … Krieg oder Verfolgung oder Flucht? … Der Himmel hat seine Schleusen geöffnet und seine Chaoswasser stürzen auf diese Familie herab, um sie zu vernichten … Arbeitslosigkeit des Vaters, seine Trunksucht? … Von unten (von den Nachbarn) und von oben (von Staat und Gesellschaft) ausgestoßen, bedrängt, ohne Hilfe … Wie mag es Noah, dem Vater dieser Familie, wie der Frau ergangen sein? Wie den Kindern? Wenn ich als Kind in einem solchen Familienboot, in einer solchen Bootsfamilie („boat people“) leben müsste oder einmal so oder so gelebt habe, wie hat es sich mein Leib gemerkt? … Darum meine Alpträume heute noch, meine Schlaflosigkeit, um diesen Alpträumen zu entgehen! Wie mag es in diesem auf den Chaoswassern treibenden Boot ausgesehen haben? Sehe ich den verzweifelt hoffenden Vater Noah vor mir, seine aufgerissenen Augen, sein gespanntes Ohr, das ständig nach draußen horcht? … Um welches Kind muss sich gerade die Mutter kümmern? Was kann sie den Weinenden anbieten, wenn ihre eigene Milch vertrocknet und die Nahrungsreste verbraucht sind? Und die Haustiere … hin und her geworfen … in einer Ecke verkrochen … apathisch oder ständig gereizt und aggressiv?

Wenn ich mir in meiner Fantasie nun alle Personen als Tiere ausmale und vorstelle: In welcher Tiergestalt taucht da der Vater auf? Ein aggressiver, ständig gereizter Löwe? ... Die Mutter, eine ausgemergelte ausgebeutete Kuh? Eine erstarrte Gottesanbeterin? Wie sehe ich meine Geschwister vor mir? Eine ängstliche Maus, die sich ständig verkriecht? Eine zischende Schlange, der man sich nicht nähern darf? Ein Maulwurf, der ständig in seine eigene Welt untertaucht, damit er nichts hört und sieht? ... Bin ich ein verschreckter Hase, mit weit aufgerissenen Augen, der das Spielen verlernt hat? ... Sitzt auf einer Stange ein Äffchen, das sich nicht unterkriegen lässt ... mein jüngerer Bruder?

Die Vision: Die Taube mit dem Ölzweig (Gen 8,5–12)

Wie mag Noah das Ende der Flut herbeigesehnt haben! Hoffte er noch auf ein Ende? Verstehen wir seinen Glauben? ... Was heißt in einer solchen Familiensituation glauben und vertrauen? Wenn einer in diesem geschlossenen System „Familie" eine Luke öffnet, was tut sich da alles auf? Was kann eine so kleine Öffnung alles aufbrechen? Wie mögen sich die Kinder nach so einer Öffnung gesehnt haben? Wie ich?... Der Vater lässt seine verzweifelte Hoffnung wie einen Raben aufsteigen, hinausfliegen ... Dieser schwarze Vogel soll sich in das Chaos getrauen? Ob er zurückkommt? ... Kommt er nicht zurück – gibt der Vater dann auf? War es ein Kind, das den nächsten Vogel hat aufsteigen, hinausfliegen lassen? Ein Täubchen der Sehnsucht? ... Es anders haben wollen als in dieser Familie ... draußen sein dürfen bei Nachbarkindern ... Schnell kommt diese Taube zurück, draußen gibt es nichts für sie ... Außerhalb ist für meine Sehnsucht kein

„Anderland". Aber mein Sehnen nach einer anderen Welt bleibt. Was mich in dieser Familie überleben lässt, ist die Sehnsucht nach draußen: Und so lasse ich eine zweite Taube steigen ... Endlich, endlich kommt sie ... Ja, sie bringt ein Zeichen von draußen: Es gibt eine andere Welt für mich! Das Chaos in und um uns ist nicht das einzige! ... Wie hängt mein Blick doch an diesem Zweig? Welche Geschichten malt meine Fantasie um ihn?

Ich kann das Ende der vierzig Tage nicht mehr erwarten. Wie zieht es mich nach draußen, weg von meiner Familie, meinem engen Gefängnis ...! Ich kann die Türen öffnen, denn auch meine Taube hat einen Baum gefunden, auf dem sie Fuß fassen kann, warum nicht auch ich? Endlich die aufgebrochenen Türen, die Holzbrücke nach außen ... Nach außen, ja, nach außen drängen wir alle ... Mensch und Tier ... Ich verstehe meinen Vater Noah: Er hat immer gesagt: „Glauben heißt: Festhalten an dem, was man erhofft!" (vgl. Hebr 11,1).

Die Erinnerung (die Ressourcen):
Noah pflanzt den Weinstock (Gen 9,18–20)

Noah hat die Arche verlassen und steht mit seiner Frau auf der neuen Erde. Diese ist noch nackt und unbebaut. Noah pflanzt den Weinstock. Ist er der Lebensbaum, den er aus dem Paradies gerettet hat?

Der Friede ist eingekehrt. Friede ist möglich, denn der Regenbogen Gottes wölbt sich in den Wolken ... Sicherheit auf Erde ... Sie trägt mich! Sicherheit vom Himmel ... Er schützt mich!

Einen Keimling des Lebensbaums habe ich gerettet. Den trage ich in mir. Ich will ihn einpflanzen ... Ich gehe in meine Kindheit zurück: Wann habe ich (trotz Flut und Arche) einmal, zweimal ein Plätzchen voll Sicherheit gehabt? War es eine Ecke, in der ich als Zweijähriges spielte? Eine Sandgrube für den Fünfjährigen? Eine Puppenküche … der Schaukelstuhl des Großvaters … War es der Besuch bei einem Apfelbaum? … Ich suche mir einen Platz in meiner Kindheit, der mir rundum Sicherheit geboten hat … Ich spüre jetzt noch, wie breit ich mich da niederlasse, wie tief ich atme…

Ich gehe ich in meine Kindheit zurück und suche eine Zeit des Friedens: Ich habe sie gewiss einmal, zweimal erlebt … damals, als der Bruder meines Vaters auf Besuch kam und der Familienstreit unterbrochen wurde … Als ich mich abends allein unter die Bettdecke kuschelte? Als ich mit dem Nachbarhund spielte, als ich zum Sonnenuntergang fast täglich auf den Hügel rannte? Als ich Blumen pflückte und mir zu Hause in einer Ecke einen Strauß aufstellte? Als ich zu den Nachbarn gehen durfte, um etwas zu holen? Ich habe das leibhaftig erfahren und mein Leib hat es sich gemerkt …

Ich lege meine Hand auf die Körperstelle, wo es mir jetzt noch ganz warm wird! Ich pflanzte doch wie Vater Noah auch schon als Kind einen neuen Setzling … Ich tat etwas, was die Gegenwart veränderte: Was war es? Baute ich mir Sandburgen? Ließ ich meine Gedanken mit den Wolken in unbegrenzte Weiten ziehen? Zog ich Kaninchen groß und fütterte sie? War ich eine emsige Puppenmutter? War ich mit dem Fahrrad stundenlang unterwegs? Was tat ich, um zu leben? Meine Erinnerungen tauchen auf, meine Seele weiß es noch … meine Hände werden aktiv sein.

So gehe ich daran, meine neue Arche zu bauen: mit dieser Sicherheit des Ortes im Leib; mit diesem Frieden im Herzen; mit dieser Aktivität in den Gliedern ... Ich werde die neue Arche auf einer, auf meiner neuen Erde bauen, denn ich habe bereits in meiner Kindheit damit begonnen ... Ich bin ein Kind Noahs und seine Verheißungen gelten auch mir! Wir, die ganze Noahfamilie, sind die Segensträger der Zukunft.

Die Aufgabe: Bau der Arche (Gen 6,13–22)
Ich, das gerettete Kind, baue nun eine neue Arche, eine neue Arche auf einer neuen Erde. Sie ist reingewaschen von alter Schuld ... Ich kann beginnen, mein Leben von vorn zu bauen und zu gestalten – aber wie? Wenn ich an meine Hoffnungen in der Arche denke: Was will ich jetzt anders machen? Wie soll das „Haus meiner Seele", meines Lebens neu gestaltet werden? Wenn ich als Kind in der Arche der verschüchterte Hase war: Was wünsche ich mir? Wie wünsche ich mir mich? Was will ich endlich auf der neuen Erde erleben, nachholen? Wie lerne ich, herumzutollen, ohne mich gleich selbst fürchten zu müssen? Wie ertrage ich starke Löwen um mich herum, ohne gleich selbst zu fauchen? Wie lerne ich kämpfen und mich zu behaupten? Wie spiele ich mit anderen Tieren und mag sie? Wie lerne ich zu lieben? Wie steigt meine Seele auf, um wie eine Lerche zu singen, einfach so?

Wenn ich um meine Herkunft aus dieser „Arche"-Familie weiß – woran werde ich für meine Zukunft arbeiten? Woher bekomme ich Fantasie und Kräfte?

Ein Segen aus Liebe und Sexualität: Sara und Abraham

Die Klage: Sara und Abrahams Söhne (Gen 16,1–11.15; 18,9–15; 21,1–21)

Wir sehen vor unserem inneren Auge die drei Engel, die bei Abraham auf Besuch waren und eine große Verheißung mitgebracht hatten: Abraham und Sara werden übers Jahr ein Kind bekommen. Der Besuch der Gäste und ihre Bewirtung durch Abraham fanden unter dem Baum statt. Hinter dem Zelteingang jedoch hörte Sara, was die Fremden sprachen – etwas, das für sie undenkbar war. Sie lachte still in sich hinein und dachte: „Ich bin doch schon alt und verbraucht und soll noch das Glück der Liebe erfahren? Auch ist mein Herr doch schon ein alter Mann!" Von beiden, Abraham und Sara, wird eigens angemerkt: „Abraham und Sara waren schon alt; sie waren in die Jahre gekommen. Sara erging es längst nicht mehr, wie es Frauen zu ergehen pflegt. Sara lachte daher still in sich hinein…" (Gen 18,11–12).

Was die Bibel von Sara erzählt, würden wohl viele Frauen auch von sich erzählen, resigniert und ironisch, vielleicht sogar verbittert: „Soll ich in meinem Alter noch das Glück der Liebe erfahren?" Ich bin doch schon verbraucht, gebraucht als Liebesobjekt, als Dienstmagd meiner Familie, als attraktive Sexualpartnerin … Ich bin gebraucht und verbraucht. Mir geht es längst nicht mehr so, wie es jungen Frauen geht, die Fruchtbarkeit und Schönheit auf ihrer Seite haben, nach der sich die Männer umsehen … Auch mein Mann ist in die Jahre gekommen …

möchte er mich noch lieben? Nein, soll ich in meinem Alter wirklich noch das Glück der Liebe erfahren?

Vertrocknete Liebe, erstorbene Ehen, eisige Kälte im Umgang miteinander, lähmende Gleichgültigkeit, zynische Erinnerung an längst vergangene Jahre … „Soll ich noch in meinem Alter das Glück der Liebe erfahren?" Dieser Satz voll von bitterer Hoffnungslosigkeit – wie viele Frauen und Männer mögen sich wohl so fragen?

Still lachte Sara in sich hinein, denn wer mochte schon noch auf sie hören und ihren Seelenzustand wahrnehmen? Aber der Herr hat sie lachen gehört, ihren Zustand wahrgenommen; der geheimnisvolle Besucher sprach zu Abraham: „Warum lacht Sara und sagt: Soll ich wirklich noch Kinder bekommen, obwohl ich so alt bin? Ist beim Herrn etwas unmöglich?" (Gen 18,13–14)

Wenn also jemand diesen verborgenen Kummer so vieler gebrauchter und verbrauchter Frauen hört, dann ist es Gott: Er, der da ist: „Jahwe". Er spricht aus, was die Frauen nicht mehr auszusprechen wagen und sagt es ausgerechnet dem Mann, so als hätte der es doch schon längst bemerken müssen!

Sara leugnet: „Ich habe nicht gelacht!" Sie hatte nämlich Angst. Welche Frau hat nicht Angst? Angst, dass ihre Situation offenkundig werde; Angst, dass ihre Skepsis, was Liebe angeht zu neuem Spott führen kann? Doch Gott beharrt darauf: „Doch, du hast gelacht!" Soll sie ihr wahres Wesen nicht verdrängen und verleugnen? Sollen ihre Zweifel und ihre Bitterkeit an den Tag kommen, so dass sie es sich selbst eingesteht? Was nützen schon Leugnen und Verdrängen?!

Weder Sara noch Abraham konnten an die Zusage der Liebe und des Liebesglücks nach so vielen vergeblichen und verbrauchten Jahren glauben. Das Warten abkürzen, der Hoffnung nachhelfen: Sara selbst gab ihrem Mann die Magd Hagar, damit er eine Geliebte habe und sie durch diese Leihmutter zu einem Kind kämen. Seltsame Übereinkunft derer, die nicht mehr lieben und hoffen können. Ein Dreiecksverhältnis, das noch einen Funken von Liebe und Hoffnung aufrecht erhalten soll ...

Dieses Zwischenspiel der Verbrauchten, die nicht mehr glauben können, dass ihnen nach so vielen Jahren noch das Glück der Liebe beschieden sei, endete schlimm. Zunächst bekamen alle drei ihren gewünschten Sohn: Ismael, den Sohn der Magd, Abrahams Erstgeborenen. Aber schon entbrennen wilde Eifersucht und Rivalität. Sara kann die Nebenbuhlerin nicht mehr ausstehen. Auch dann nicht, als sie ihren Isaak wider Erwarten doch noch bekommen hatte. Sie sah, wie beide Buben (sie waren ja Brüder) glücklich miteinander spielten. „Doch nie soll der Sohn der Magd Erbe zusammen mit meinem Sohn werden!" Aus der ursprünglichen Hoffnungslosigkeit, nicht geliebt zu werden, entsprangen nun Eifersucht und Hass gegen die andere Frau und gegen das andere Kind. Sie verlangte von Abraham, dass er diese Frau und dieses Kind verstoße. Abraham musste nachgeben. Selbst Gott schien mitzuspielen (doch wer wusste schon, dass Gott den längeren Atem in Sachen Liebe hat?). Man stelle sich vor: Abraham gibt seinen Erstgeborenen, den ach so geliebten Sohn, seiner Mutter, die er ja doch auch geliebt hatte: Er legt ihr einen Schlauch Wasser auf den Rücken, einen Laib Brot ... und dann hinaus in den sicheren Tod!

Hagar, die Verstoßene … Sara, die Verbrauchte und hart Gewordene … Dazwischen das unschuldige Kind … die auseinandergerissenen Brüder.

Ein Mann zwischen zwei Frauen … Alle hätten einander lieben können, wenn sie ihre Liebe hätten teilen können. Nein, ihr Lieben war besitzergreifend (possessiv) und eifersüchtig. Ihre Liebe war ohne Glaube, denn: „Bei Gott ist kein Ding unmöglich!“ Er hat einen Vorrat an Liebe, der wie das Manna in der Wüste nie ausgeht. Wie schnell aber fürchten wir um die kleine Ration an unserer eigenen Liebesfähigkeit!

Wie viele werden sich in den rivalisierenden Frauen Sara und Hagar, in den getrennten Brüdern Isaak und Ismael, in dem ohnmächtigen und resignierenden Abraham wiederfinden? Wie viele sagen von sich: „Ich bin gebraucht und verbraucht. Soll mir in meinem Alter noch das Glück der Liebe zuteil werden?“

Die Vision: Gottes Bund mit Abraham (Gen 15,1–21)

Wir sehen Abraham vor uns, als wäre er das Mädchen aus dem Märchen „Sterntaler“. Er will mit seinen weit ausgebreiteten Armen gleichsam die funkelnde Welt des Sternenhimmels einfangen. Ihm wird ja eine Nachkommenschaft so zahlreich wie die Sterne am Himmel verheißen.

Er wird nicht unter den Sternenhimmel geführt, um an die jenseitige Welt und Herrlichkeit Gottes erinnert zu werden. Sein Blick wird auf die Erde gelenkt. Das, was du da so unzählbar und herrlich funkeln siehst, das soll dir auf Erden in deinen Kindern geschenkt werden. Die Unendlichkeit des Sternenhimmels soll eine Verheißung für die Unerschöpflichkeit der Liebe auf Erden sein. Dies ist eine Liebe, die aus der Fülle Gottes kommt und etwas, ja sehr viel auf von seinem Liebeswillen auf die Erde trägt.

Derjenige, der unter solchen Sternen der Verheißung steht und sie glaubend in sein Herz aufnehmen kann, der muss selbst weit an Liebe werden. Wie hätte diese Weite des Himmels einer Sara und einer Hagar gut getan! Wie gut täte sie uns!

Wie gut tut sie mir und dir? Wem gönne ich diesen Reichtum noch? Für wen will ich stellvertretend hoffen? Diese Hoffnung trügt ja nicht, sagt der Apostel Paulus, „denn die Liebe Gottes ist bereits ausgegossen in unsere Herzen, durch den Heiligen Geist, der uns schon gegeben ist“ (vgl. Röm 5,5).

Die Erinnerung (die Ressourcen): Gott zu Gast bei Abraham (Gen 18,1–8)

Wie können wir eine Liebe lernen, die so weit ist wie der Himmel und so strahlend wie die Sterne? Wir können sie von Abraham und Sara lernen. Wir haben sie vermutlich schon gelernt, so dass wir nur auf sie zurückgreifen müssen. Sehen wir zu:

„Der Herr erschien Abraham bei den Eichen von Mamre!“ Die Initiative geht von Gott aus. Er gibt sich uns zu erfahren. Gott ist ja zu uns unmittelbar, er braucht niemanden zwischen mir und sich. Und doch werden hier die Eichen von Mamre genannt. Heilige Bäume in einem uralten Kulthain. – An welchen Orten und in welchen Situationen hat sich mir Gott schon zuerkennen gegeben?

„Abraham saß zur Zeit der Mittagshitze im Zelteingang“ – meditierend und verweilend. In welchen Stunden war ich so in mich versunken? Welche Tageszeiten waren mir heilig? War es der Aufgang der Sonne oder ihr Untergang? War es der Vollmond oder der Sternenhimmel?

„Er blickte auf und sah vor sich drei Männer stehen.“ Wenn ich aus meiner Versenkung aufblicke, was sehe ich da auf mich zukommen? Sehe ich Gott auf mich zukommen, wenn ich aus dem Gebet der Stille die Augen erhebe? In welchen Gestalten kommt und kam er auf mich zu? Bitte ich ihn, dass er bei mir verweile? „Ihr könnt euch unter dem Baum ausruhen“ – ein Gott, der im heiligen Hain unter heiligen Bäumen ruht, bei uns Menschen ruht und verweilt. „Er wartete ihnen unter dem Baum auf, während sie aßen!“ In welchen Menschen begegnete mir Gott? Wen habe ich bewirtet und wem die Füße gewaschen … und es war doch Gott, der unerkannte aber anwesende Gott! „Viele haben, ohne es zu wissen, Engel beherbergt“ (vgl. Hebr 13,2). Kann ich eine himmelumspannende Liebe lernen, wenn ich so gastlich bin? Ich bin der beschenkte Mensch, ich, der andere bewirtet, das heißt beschenkt durch eine Liebe, soweit wie der Himmel und so strahlend wie die Sterne.

Die Aufgabe: Saras Lachen (Gen 21,1–8)

Auch von Sara können wir das Glück der Liebe lernen. Endlich hat auch sie begriffen, als ihr wirklich ein Sohn geboren wurde. „Der Herr nahm sich Saras an, wie er gesagt hatte, und er tat Sara so, wie er versprochen hatte.“

Also hier ist Gott am Werk und seine Werke verändern uns Menschen. „Sara wurde schwanger und gebar dem Abraham noch in seinem Alter einen Sohn zu der Zeit, die Gott angegeben hatte." – Es ist Gottes Zeit, die trächtig ist und trächtig macht: voll Liebe. „Abraham nannte den Sohn, den ihm Sara gebar, Isaak", d. h. „Lachschatz" … „Sara aber sagte: Gott ließ mich lachen, jeder, der davon hört, wird mit mir lachen, wer, sagte sie, hätte Abraham zu sagen gewagt, Sara werde noch Kinder stillen? Und nun habe ich ihm noch in seinem Alter einen Sohn geboren." Ja, sie nannte ihn Isaak, Lachschatz. Aus dem Lachen der Bitterkeit ist ein Lachen des Staunens und der Freude geworden. Die Liebe verwandelt den Zynismus in unbegreifliches Staunen.

Welches Kinderlachen kann mich verändern? Welche Kinder haben mich schon verändert? Höre ich mich selbst als Kind lachen? Kann ich dieses Kinderlachen zurückrufen? Wie gut tut es mir? Ein Lachen voll Freude, ein Lachen aus Liebe und Sexualität, das alle ansteckt! Wie ganz anders gehe ich in meine Zukunft, wenn ich weiß, dass auch mir in jeder Altersphase das Glück der Liebe verheißen ist!

Als Frau verstoßen und doch nicht verlassen: Hagar in der Wüste

Die Klage: Die Vertreibung Hagars (Gen 21,9–21)

Ich bin Hagar. Ich bin die verstoßene, die verjagte Frau. Einmal liebte mich ein Mann: Ich war seine Geliebte und er mein Liebhaber. Er hatte eine Frau, doch sie war für ihn zu wenig. Sie schenkte ihm kein Kind und liebte ihn nicht mehr. Dann aber kam der Konflikt: Wir hatten miteinander ein Kind. Was seine Frau zuerst zu tolerieren schien, verwandelte sich dann in Eifersucht und Hass. Sie zwang ihn, mich und mein Kind zu verstoßen; er aber ließ mich nicht einfach nur in der Versenkung und Vergessenheit verschwinden. Er jagte mich in die Wüste, in den sicheren Tod. Es tat ihm zwar Leid, doch die „Umstände" zwangen ihn dazu. Mein Los ist die Wüste: ohne Wasser, ohne Zukunft, den sicheren Tod vor Augen. *Ich* könnte ja noch sterben, doch das Sterben meines Kindes kann ich nicht mit ansehen. Weit weg lege ich es, hinter einen Dornenstrauch, weg von meinem Bewusstsein. Ich kann sein Todeswimmern nicht mehr anhören. Es bricht mir mein gebrochenes Herz ein zweites Mal.

Wer kennt meine Verzweiflung? Wer kann meine Todessehnsucht nachfühlen? Alles vergessen, alles hinter sich haben! Keine Quelle, kein Trost eines Engels, ich wünsche mir nur den Tod … die Nacht und das Vergessen … Ich bin eine gebrauchte und dann verstoßene Frau – wie viele sind wir insgesamt? Wer spricht von uns? Alle wollen dezent vergessen und nichts mit uns zu tun gehabt haben.

Die Vision: Der Lebensbaum und der Baum der Erkenntnis (Gen 3,1–13)

Der Baum des Paradieses. Paradies, was ist das? Eine Täuschung, eine Verhöhnung? Aber ich klage an: Ich bin der Baum der Erkenntnis von Gut und Böse, der unerbittlich steil gegen den Himmel ragt … Er markiert eine Trennung, nennt das Unrecht beim Namen: Du hast das Gebot übertreten! Der Baum klagt dich an. Du hast der Schlange gehorcht und dich von ihrer Schönrederei beeindrucken lassen: Es wird schon alles recht gehen … Du hast in die Erfahrung des Guten die Erfahrung und die Erkenntnis des Bösen hineingebracht, nun leiden wir an beidem. So nicht! Denn so müssen wir sterben, und ich und mein Kind sind die ersten …

Und doch, da ist auch der Baum des Lebens: Auch er ist da, für mich da. Ich habe ein Recht auf seine Anwesenheit auch in meinem Leben. Leben wäre auch für mich vorgesehen. Leben spendender Baum, er könnte die Mitte meines Daseins sein … leben mit Früchten der Liebe … Wellen des Lebens, die mein Dasein nach allen Himmelsrichtungen durchströmen … Ich spüre jetzt nichts davon, aber ich weise auf mein Recht hin, auf mein und meines Kindes Recht! Auf dieses verzichte ich nicht, denn Gott hat es mit zugebilligt. Es ist nicht ein Geschenk, sondern mein Recht als Geschöpf. Zorn erfüllt mich, wenn ich deinen scheinbar so moralisch strengen Baum der Erkenntnis gegen den Himmel ragen sehe, doch die Schlange schlingt sich um deine „Geradheit" – du als Mann steigst ja in der Gesellschaft immer besser auf … Aber ich lasse mich nicht vom Baum meines Lebens, von meinem Lebensbaum … Er ist die Mitte meines Daseins, die Frucht der Liebe und der Leiden, das Leben spendende Bewässerungssystem nach allen vier Himmelsrichtungen meiner Lebenswege.

Die Erinnerung (die Ressourcen): Die Auferweckung eines jungen Mannes (Lk 7,11–17)

Ja, ich sehe mich auch in dieser Stelle wieder: eine „Trauernde Witwe". Gehüllt in das dunkle Kleid meiner Trauer und Depression … vor einem toten Kind … Der Mann gestorben oder einfach verschwunden – für mich jedenfalls gestorben.

Jesus, du bist nicht verschwunden, du legst mit unendlicher Zärtlichkeit deine Hand um mich, ich spüre die Wärme und den festen Halt deiner Hände. Ich möchte alle Spannungen loslassen und mich in deine Arme fallen lassen, wie ein Säugling in die Arme einer Mutter. Nichts denken, nur fühlen … dieses andere Gefühl: nicht verjagt und verlassen zu sein … Ein Mensch ist da für mich, für mich allein, mir allein gilt seine Aufmerksamkeit …

Er ist wie der menschgewordene Lebensbaum … Atme ich schon auf, wenn ich mich in seine Arme fallen lassen kann? Wandelt sich das Schwarz meines Kleides? Bekommt es zaghaft und allmählich Farbe?

Habe ich das nicht schon einmal im Leben erfahren? Einmal oder mehrmals? Als ich als Kind stürzte und mir Wunden schlug, die die Mutter mit dem Hauch ihres Atems heilte … Konnte ich so nicht im Schoß einer Freundin weinen, so rückhaltlos? Fühlte ich mich nicht vom Verständnis einer Lehrerin umgeben, ohne dass diese es ahnte, was sie mir bedeutete? Oder war es ein stiller, unbemerkter Platz in der Wohnung, im Garten, im Wald, an den ich mich zurückzog und der mir Geborgenheit schenkte, weil ich mich ausweinen konnte? In welchen Verwandlungen kannst du auftauchen – Jesus – Paradiesesbaum – Mitmensch!

Und dann schenkst du mir noch mein Kind zurück: Du nimmst es bei der Hand … du übergibst es mir … du gehst wieder weiter, doch deine Anwesenheit, die alles verwandelt, naht, bleibt unter uns … Das tiefe Gefühl einer Beziehung, geboren aus Leid, als hätte ich mein Kind ein zweites Mal geboren.

Die Aufgabe: Die Rettung Ismaels (Gen 21,9–21)

Ich bin Hagar, immer noch Hagar, immer noch in der Wüste … Aber wie hat sich meine Lage geändert: Nun entdecke ich erst den Engel, der mir die Augen geöffnet hat, die Augen, die eine Quelle selbst in der Wüste entdecken. War sie schon immer da und ich habe sie nur nicht gesehen? Eine Quelle in mir? Eine Quelle in jeder Situation, zur Rettung aus aller Not? Wer kann mir die Augen öffnen? Sehen muss ich selbst, aufstehen aus meinem Elend muss ich selbst, ja *kann* ich selbst. Zur Quelle gehen kann ich selbst, mich über sie beugen, meinem Kind zuerst zu trinken geben, dann langsam, langsam auch meinen Durst stillen, den Durst nach Leben und Liebe … Gestärkt gehe ich daraus hervor, richte ich mich auf.

Nun kann ich handeln, wie ich es mir nie zugetraut habe: Mein Sohn wird ein Bogeschütze … Aus seiner Schwäche wird Kraft… der ausgelieferte Hilflose weiß sich zu helfen und zu wehren … seine Aggressionen wandeln sich in die Kunst der Selbstverteidigung. Er bedauert nicht mehr, er handelt.

Und ich? Ja, auch ich handle: Ich suche ihm eine Frau. Ich gebe ihm eine Ägypterin zur Frau … ich, die Verlassene, verbinde zwei andere … das Leben geht weiter, und indem ich handle, ist meine Ohnmacht verschwunden. Meine Depression ist zur Aktion geworden. Ich, die weggelegte Geliebte, führe Liebende zusammen … Ich werde selbst zum Paradiesesbaum … Ich halte das Recht auf Leben und Liebe aufrecht. Doch ich fordere es nicht nur klagend ein, sondern ich schaffe es voll Kreativität ... gespeist aus leidvoller Erfahrung, die mich noch entschiedener handeln lässt.

Gott, begleitest du so unser Leben, verwandelst du es so? Ich danke dir!

Sein eigenes Kind hergeben müssen: Abraham und Isaak

Die Klage: Das Opfer Abrahams (Gen 22,1–18)

Muss diese Geschichte in der Bibel stehen? Muss Abraham das Messer nehmen und sein eigenes Kind opfern, es hinschlachten? Natürlich muss er es nicht, denn gerade dies ist ja die Botschaft der Erzählung: Gott will keine Kinderopfer! Sie sind ein Greuel für ihn! Ein Kind durchs Feuer gehen lassen – so verharmlosten die Kanaaniter ihre Kinderopfer; unsere Vorstellung von der Hölle kommt von dem Kindesopferort „Gehenna“ bei Jerusalem. Macht aus Jahwe keinen Moloch, der Menschen frisst! Und wenn ihr wie Abraham auch eine Zeitlang meint, Gott wollte es so, tut es nicht! Bäumt euch auf! Verweigert den Befehl, wie die Hebammen den Befehl Pharaos zum Töten verweigert haben!

Und doch steht die Geschichte sehr hart in der Bibel. Abraham wird gelobt: „Weil du ... deinen einzigen Sohn mir nicht vorenthalten hast, will ich dir Segen schenken ...“ Ist dieser Satz der Rest eines Kinderopferspruches der Heiden? Man kann die Geschichte nicht in ihr Gegenteil umschreiben, sie ist kompliziert genug – aber wer kennt dies schauerliche Ahnen nicht, dass es der eigene Sohn sein könnte, der bei dem tödlichen Autounfall umgekommen ist … Die Kindertotenlieder Friedrich Rückerts, vertont von Gustav Mahler – ein kleines, winziges Kind stirbt an einer Krankheit und ich muss es Gott zurückgeben! Tausende und Tausende verhungern in Afrika – ob es der Wille Gottes ist oder nicht, weil die Menschen auch etwas ändern könnten … Eltern müssen ihr Kind hergeben – wem? Oder wenn sie als Pubertierende protestierend aus dem Haus gehen und für immer die Tür hinter sich zuschlagen – wem sollte man sie anvertrauen, wenn nicht unserem gemeinsamen Gott? Sind sie bei ihm nicht immer noch am besten aufgehoben?

Will uns die Geschichte daran erinnern, dass unsere Kinder nicht unsere Kinder sind, sondern wir sie nur zu leihen bekommen haben? Muss es sein?

Die Vision: Die makkabäische Mutter und die kanaanäische Frau (2 Makk 7; Mt 15,21–28)

Da steht die makkabäische Mutter und hat noch ihren Jüngsten bei sich, noch, denn sechs ihrer Söhne hat sie schon in den Tod begleitet, ihnen zuredend, dass sie lieber sterben sollen, als den Glauben an Jahwe aufzugeben … Sie muss ihnen gar nicht viel zureden, denn die jungen Männer redeten auch ihr zu, trösteten sich und sie mit der Aussicht auf die Aufweckung der Toten.

Gebe Gott, dass wir nie vor die Alternative gestellt sind: unsere Kinder oder Gott! Gebe Gott, dass wir auch unter günstigeren „Bedingungen“ unsere Kinder auf Gott hinweisen. Können wir mit unseren Kindern noch über Gott reden? Und zwar so, dass sie uns und ihm glauben? Dass wir mit der Hand zum Himmel zeigen und sie ihr Herz zu ihm erheben, ihr Kinderherz … Gott, ich habe dir in der Taufe meine Kinder in deine Hände gelegt. Ich wusste damals, dass sie bei dir besser aufgehoben sind als bei mir. Ich kann und darf sie wirklich nicht für immer bei mir festhalten. Ich möchte ihnen das Beste mitgeben, was ich mitzugeben habe: den Glauben an dich! Verschone uns vor schweren Stunden und führe uns nicht in solche Versuchungen, aber führe uns zu einem Glauben an dich, der dir die Kinder anvertraut, vorbehaltlos anvertraut. Wie Abraham steht die Mutter da … Wie sie möchte ich mich und meine Kinder Gott anvertrauen.

Aber da bist du noch, die andere Frau, die Kanaanäerin. Du hast ein Kind, doch es ist von einem Dämon besetzt, wie man sagt … Meine Tochter ist dem Rauschgift verfallen … Mein Sohn ist alkoholabhängig oder hat die Schule abgebrochen … Gern würde ich sie als gläubige Kinder wissen … Ich wende mich ja an dich, Jesus, doch du willst nur zu den Kindern Israels gesandt sein. Du willst von uns Heiden, den Andersgläubigen, den „Hunden", wie ihr uns nennt, nichts wissen. Muss ich dich belehren, dass auch die Hündlein von den Brotbrocken leben, die von den Tischen ihrer Herren fallen? – Lässt du dich von einer Frau belehren? – Und wenn mein Kind wirklich von dir, Gott, nichts mehr wissen will, ja, wenn es einem streunenden Hund gleicht – ich renne hinter dir her, ich schreie dich um Hilfe an … Wen soll ich sonst noch anrufen? Wie gern möchte ich mein Kind in deine Arme legen, es dir anvertrauen … Nimmst du es auf? Wem soll ich es geben, wenn nicht dir … schreiend, betend … Ich weiß sonst nichts, was ich noch tun könnte

… Und wirklich, du lässt dich von einer heidnischen Frau belehren, wie du dich von einer Frau salben ließest … Kann ich mich so neben die große makkabäische Mutter stellen: Dir mein Kind überantworten und sonst nichts?

Die Erinnerung: Gott ist zu Gast bei Abraham (Gen 18,1–10a)

Die drei Engel bei Abraham … ein feierlicher Augenblick: Der Altvater sitzt um die Mittagshitze beim Zelteingang unter den heiligen Eichen Mamres … still … und als er die Augen hebt, sieht er Engel auf sich zukommen … und sie legen ein Kind in seinen Schoß … noch nicht das zappelnde Wesen aus Fleisch und Blut, aber die Verheißung Jahwes, die nicht trügt und sich wie ein kleines Kind anfühlt, so lebendig, so jung.

Mir hast du einmal ein Kind, ja mehrere, in die Arme gelegt … sie mir verheißen und geschenkt … Es ist ein feierlicher Augenblick, wenn wir in Liebe vereint sind und daraus ein neues Leben entsteht … Du bist die Liebe und deine Schöpferkraft ist Liebe. Ich habe es erlebt: Ich bin in einem Akt der Liebe gezeugt worden. Wenn es geht, wie es gehen soll, entstammen wir der Liebe; nicht nur unserer menschlichen Liebe, sondern auch deiner göttlichen … so und so sind unsere Kinder ein Geschenk von dir, bleiben dir zugehörig, dein Eigentum. Du kennst den langen Weg unserer Vergangenheit, du kennst auch den oft so dunkel werdenden Weg unserer Zukunft. Und wenn du uns erinnerst, dass wir dir gehören, dass meine Kinder dir gehören, dann entlastet mich das … dann weiß ich sie in guten, in *deinen* Händen.

Ich danke dir, Gott, für die Eichen Mamres, für die Mittagshitze und für den Vater Abraham, von dem ich gelernt habe zu glauben, mich dir anzuvertrauen, meine Kinder dir anzuvertrauen.

Die Aufgabe: Abraham der große Fürbitter und Lots Errettung (Gen 18,16–33; 19,1–29)

Abraham lebte nicht nur von den Stunden der Verheißung und dem glücklichen Aufschauen unter den Eichen von Mamre. Er musste zwei Söhne hergeben, den ersten wollte seine Frau weghaben: Ismael wurde ihm schon entrissen, Isaak sollte folgen … Und Lot, sein Brudersohn war wie ein Sohn und er wie sein Vater. Als dieser mit seiner Familie in das verrufene Sodom zog, da wusstest du, Vater Abraham, in welche Gefahren er sich begab, wie sein Glaube an dünnen Fäden hing. Und als das Gericht über diese Sündenstadt, diese so hoch zivilisierte, hereinbrach, da wurdest du wieder ein großer Vater: Du bist über dich hinausgewachsen, du begannst mit Gott zu handeln wie ein Kaufmann, zu handeln um das Leben deines Brudersohnes und seiner Kinder. Wenn du die Hände zum Himmel erhebst, dann tust du es für die Kinder der ganzen Welt … Auch so bist du Vater, diese Elternschaft macht dich Gott am ähnlichsten: Die Hände ausstrecken wie Jesus am Kreuz und für alle beten, ausnahmslos für alle … eine Vater- und eine Mutterschaft, die universal ist, die den Schrecken des Berges Monja mit der Seligkeit der Eichen von Mamre vereint. Kein Grauen kann so groß sein, dass ein Vater Abraham die Kinder nicht in die Hände Gottes legt, keine Seligkeit kann so gewiss sein wie jene, dass Gott die Kinder in einem Augenblick der Liebe schafft und wir sie zeugend und liebend mitschaffen ... Diese Liebe ist nicht auf einen Augenblick der Umarmung beschränkt, diese Liebe umarmt immer die Welt ... So kann ich Mutter sein, so kann ich Vater sein ... so begreife ich vielleicht alles – auch das Unbegreifliche!

Rivalität unter Geschwistern: Jakob und Esau

Die Klage: Verkauf des Erstgeburtsrechts an Jakob (Gen 25,27–34)

Jakob und Esau: Wir sehen das berühmte Brüderpaar Jakob und Esau. Es ist uns nicht fremd, dass Geschwister miteinander rivalisieren, vor allem dann, wenn sie altersmäßig nur einige Jahre voneinander getrennt sind. Der Altersunterschied ist ja zugleich ein Lernansporn: Der Ältere ist dem Jüngeren in vielem voraus, denn er lernt nun einmal früher gehen und reden, spielen und Rad fahren und vieles mehr. Der Jüngere strengt sich an, diesen Vorsprung einzuholen, der nun einmal nicht einzuholen ist, jedenfalls nicht als ein Aufholen der Jahre. Ist es verwunderlich, wenn nun der Jüngere auf seine Weise den Älteren zu überholen wünscht? Durch List und Geschicklichkeit auf seinen ureigenen Gebieten will er den um etliche Jahre älteren Bruder auf seine Weise überholen, auf seinen Gebieten mehr können. So weit, so gut, wenn nicht oft auch mit dem Rivalisieren im Lernen eine Rivalität um Macht und Liebe verbunden wäre. Welche Mutter ahnt nicht eine solche Feindschaft unter Geschwistern und mag mit Rebekka sagen: „Wenn das so ist, was soll dann aus mir werden?" (Gen 25,22)

In einer patriarchalischen Kultur war der Erstgeborene der kommende Herr seiner Geschwister, das Familienoberhaupt. Dieses Vorrecht wollte nun der Jüngere, aber listigere Jakob seinem etwas wilden und rohen Bruder Esau, der eher einem Naturburschen glich, entwinden. Wir kennen die Geschichte mit dem Linsengericht:

Erschöpft kommt der Ältere von der Jagd heim und um alles in der Welt, selbst um sein Erstgeburtsrecht, will er zu einer Speise kommen: „Schau, ich sterbe vor Hunger, sagte Esau, was soll mir da das Erstgeburtsrecht? Jakob erwiderte: Schwör mir jetzt sofort! Da schwor er ihm und verkaufte sein Erstgeburtsrecht an Jakob." (Gen 25,32–33)

Ein Erstgeborener sein – das heißt auch, für seine Geschichte Verantwortung zu übernehmen, Sorge dafür zu tragen, dass der Segen Abrahams in der Familie erhalten bleibt und weiterwirkt.

Beziehen wir die Geschichte auf uns: Bin ich eher wie Esau, am Segen gar nicht interessiert, wenn es nur mir gut geht? Geht mir die Sättigung der materiellen Bedürfnisse so über alles, dass ich schnell auf meine eigentliche Aufgabe verzichte? Bin ich nicht auch oft wie Jakob? Ja, ich bin oft Jakob; ich halte es nicht aus, wenn mein Bruder oder meine Schwester, meine Frau oder mein Mann, meine Mitarbeiter oder meine Kollegen mehr können als ich; wenn sie meiner Meinung nach begünstigt sind oder bessere Chancen haben. Ich eifere ihnen nicht nur nach, um selbst zu lernen, sondern ich neide ihnen ihren wirklichen oder vermeintlichen Vorsprung – ja, ich kann vor

Neid krank werden. In mir entstehen Argwohn und Verdächtigung … Ich fühle mich sogar berechtigt, etwas dagegen zu unternehmen – „dagegen“ – gegen wen oder gegen was? Feindschaft und Spaltung sind vorprogrammiert … Ich kann zwischen Wirklichkeit und Projektion nicht mehr unterscheiden … ist es nicht mein eigener dunkler Schatten, den ich auf die anderen werfe? So säe ich den Samen der Zwietracht. Aus Geschwisterliebe wird Geschwisterfeindlichkeit. Was Wunder, wenn ich jemanden bis zur Mordlust reize … Kain steht vor der Tür … Wer erlöst mich, wer erlöst uns aus diesem Teufelskreis? Genügt es, wie Jakob einfach zu fliehen? Einfach die Ehe zu scheiden?

Die Vision: Jakobs Kampf mit Gott (Gen 32,23–33)
Jakob ringt mit dem Engel. Weiß er überhaupt, dass es ein Engel ist, der da mit ihm ringt?

Einundzwanzig Jahre war der Fersenschleicher und Betrüger von der Heimat weg gewesen. Seine Herkunftsfamilie hatte er zerstört, sein Bruder Esau wollte ihn ermorden – aus Rache … Was oder wer hat es verhindert, dass aus dieser Brudergeschichte nicht wieder eine Kain und Abel-Geschichte geworden ist? Was könnte das je verhindern?

Da war der unerwartete Traum in der Fluchtnacht, in dem Gott dem flüchtigen Sünder seine Hilfe und nicht seine Strafe verheißt … da hatte Jakob auch lieben gelernt … seine sonnige Rahel, aber auch in vielen Jahren die dunkle Schattenfrau Lea … Da hatte er drei mal sieben Jahre gedient, gearbeitet und nicht betrogen und sich den Erbsegen nicht erschwindelt …

Und doch war da noch viel: Wie wird Esau ihm begegnen? Wird er ihn schließlich doch umbringen? Und da war die Angst in Jakob, viel Angst, Angst vor der ungewissen Zukunft, Angst vor der eigenen Sündenvergangenheit, die ja auch noch nicht ausgeräumt war, Schatten der Schuld ... Und da war Gott: Er, der segnet und nicht straft; der mit ihm geht und nicht gegen ihn handelt ... Er, der ihm seinen Segen verhieß. Wie wird er ihm diesen Segen geben? Wie ihm nahe sein? Wie sich zu erfahren geben?

Jakob hatte sich in dieser Nacht von allem getrennt: Von seinen Herden und Hirten, von seinen Kindern und Frauen, von allem also, was e besaß und was er liebte. Er blieb allein am anderen Ufer zurück, zwischen Vergangenheit und Zukunft ... Er und seine Seele, sonst nichts! Er und sein Gott und sonst nichts!

Wann erleben wir diese Ausgesetztheit? In einer Krankheit? Bei Schicksalsschlägen, wenn uns alle Freunde verlassen? In den Träumen der Nacht? In schlaflosen Nächten? Dann tat Jakob den Schritt über den Fluss ... Ein trockenes Wadi im Sommer konnte zum reißenden Ungetüm werden, wenn die Regenzeit hereingebrochen war ... Wird der Fluss ihn wie ein Dämon in die Tiefe ziehen?

Ein Fluss, der wie eine Schwelle die Vergangenheit von der Zukunft trennt: Welche Schwellenängste werden über ihn herfallen, wenn er von einer Lebensetappe in die andere schreiten will? – Und da ist immer der mitgehende Gott: „Ich bin bei dir, ich verlasse dich nicht!“ Wie ist er bei ihm? – Und mitten im Fluss überfällt ihn da einer. Wer? Ein Dämon? Seine Vergangenheit? Seine Ängste? Seine Ängste? Oder in allem und hinter allem ein Gott?

Und es beginnt ein Ringkampf auf Leben und Tod … Wenn ich wüsste, womit ich da ringe, dann wäre es vielleicht leichter, aber so, ringe ich nur mit meinen Ängsten? Mit der Nachricht von meiner Krebserkrankung? Mit meiner absteigenden Lebenskurve? Mit meiner Schuld und mit meinen Schuldängsten? Wie nahe wäre da die Frage gelegen, die Jakob hätte stellen können: Wer bist du? Womit ringe ich? Aber es war umgekehrt, der Unbekannte fragte ihn: Wie ist dein Name? Wurde Jakob so genötigt einzugestehen, dass er ein Fersenschleicher und Betrüger ist? War dieses Schuldgeständnis die Lösung? War es die Voraussetzung für die Lösung? War es die Voraussetzung für eine Lösung?

Da „rang mit ihm ein Mann, bis die Morgenröte aufstieg". Ahnte Jakob, wer in diesem Mann verborgen sein könnte? „Der Mann sah, dass er ihm nicht beikommen konnte…" Jakob war der hartnäckige Kämpfer, er wollte nicht loslassen. Er wird Gottesstreiter genannt werden – „Israel", denn „mit Gott und den Menschen hast du gestritten und hast gewonnen" (Gen 32,29).

Wer so mit Gott, den er nur ahnt, ringt … Wer es auch in dunkelsten Stunden des Lebens, im härtesten Ringen ums Überleben nicht aufgibt, mit seinem Gott zu ringen, mit seinem Schicksal zu ringen, bis man auf dessen Grund den Namen Gottes findet, den Segen bekommt, auch um den Preis, dass man verletzt und geschlagen aus dem Kampf hervorgeht – ist gesegnet und gezeichnet … gezeichnet, aber auch gesegnet.

Welch tiefer Glaube ist da in Jakob aufgebrochen … Der Glaube seines Urvaters Abraham, der Gott wortlos vertraute auch in der schwersten Stunde. „Die Sonne schien bereits auf ihn, als er durch Penuël zog…" Nach der Nacht des Ringens und Kämpfens, vielleicht sogar des Sterbens, geht die Sonne der Auferstehung auf.

Dann, rückblickend ist dieser Kampf wie eine Liebesumarmung, wie die Spiele von Knaben, zwei, die miteinander ringen, weil sie zusammengehören und voneinander nicht lassen wollen …

Darf ich so mit dir rechnen, Gott? Ringen in allem Schweren, bis du mich segnest und mir nahe bist? – Und ich dir?

Die Erinnerung (die Ressourcen):
Jakobs Versöhnung mit Esau (Gen 33,1–20)

Ich bin Jakob und du bist Esau. Wir sind einander zu Todfeinden geworden. Denn ich habe dich um deinen Erstgeburtssegen betrogen und du wolltest mich daraufhin töten. Ich möchte, dass wir wieder zusammenfinden, dass wir uns wieder wie Brüder umarmen – wird das möglich sein?

Mich schreckt das Unrecht, das ich an dir getan habe. Ich fürchte mich vor dir. Ich weiß ja nicht, wie du mich aufnehmen wirst. Wirst du mich erschlagen? Wirst du mich als Knecht halten? Wirst du dich an mir rächen oder kannst du verzeihen?

Ich will Esau versöhnlich stimmen. Ich schicke ihm meine Herden entgegen und biete sie ihm durch meine Hirten zum Geschenk an. Wird er sich gnädig stimmen lassen? Werde ich über meinen Schatten springen können, so wie ich wünsche, dass er über seinen Schatten springt?

Ich habe ja in dieser Nacht die Furt überquert. Ich habe in vielen Nächten mit meiner Angst gerungen – oder habe ich mit Gott gerungen? Hat nicht Gott mit mir gerungen? Ja, du, Jahwe, hast mit mir gerungen und ich habe nicht von dir gelassen. Ich trage jetzt deinen Segen. Ich werde so meinem Bruder entgegengehen, gestützt auf deinen Segen und gezeichnet vom Kampf. Du Gott stehst zwischen mir und meinem Bruder … meiner Schwester … meiner Frau … meinem Mann … Darf ich da nicht hoffen?

Nicht nur mein Hab und Gut biete ich dir an, Esau: Ich schicke auch vor mir her, dir entgegen, meine Frau und meine Kinder: Sie, die ich so liebe, sollen dich gnädig stimmen. Ich bin dein Bruder, Esau, habe dich ausgestochen und dir dein Recht geraubt. Ich habe mir deinen Besitz und deine Privilegien angeeignet, sie dir gestohlen.

Nun werfe ich mich sieben Mal vor dir nieder und biete dir alles an. Ich, der gierig genommen hatte, werde nun ganz klein vor dir. Denn die Versöhnung mit dir ist mir mehr wert geworden als mein Stolz. Ich könnte diese Gesetze nicht ersetzen, mich vor dir nicht beugen, wenn Gott nicht mit mir gerungen hätte. Er, Jahwe, hat um unsere Versöhnung gerungen, er hat mit mir gekämpft, damit du mich aufnehmen wirst. Er hat mich verwundet, damit deine Wunden heilen können.

Ich werde wohl wirklich ein anderer Mensch geworden sein, so dass du mir verzeihen kannst. Ich bin verändert worden, damit du mir anders begegnen kannst …

Was geht wohl in dir vor? Was spricht dein Herz, wenn du mich so niedergebeugt siehst? Lässt es sich bewegen? Bewegen wozu?

Das Unerwartete geschieht, ich sage zu dir, Esau: „Wenn ich dein Wohlwollen gefunden habe, dann nimm das Geschenk aus meiner Hand an! Denn dafür habe ich dein Angesicht gesehen, wie man das Angesicht Gottes sieht, und du bist mir wohlwollend begegnet. Nimm doch mein Begrüßungsgeschenk an, das man dir überbracht hat. Denn Gott hat mir Wohlwollen erwiesen" (Gen 33,10–11).

Ich warf mich sieben Mal vor meinem Bruder nieder … „Esau lief ihm entgegen, umarmte ihn und fiel ihm um den Hals, er küsste ihn, und sie weinten" (Gen 33,4).

Wer von uns wäre nicht darauf angewiesen, dass ihm irgendein Mensch verzeiht, dass es wieder eine Versöhnung gebe zwischen Bruder und Bruder … zwischen Kindern und Eltern … zwischen Mann und Frau … zwischen Partner und Partner!

Gott auf dem Antlitz eines Mitmenschen erblicken, auf dem Antlitz dessen, dem wir Unrecht getan haben, der uns verzeiht … Wo wäre Gott schöner und wahrhaftiger zu erkennen als auf einem Gesicht, das zur Versöhnung bereit ist?

Verwandle mich, Gott, damit ich verzeihen kann, damit es Versöhnung gibt zwischen mir und … Ringe mit mir, Gott, und verwandle mich, damit ich ein anderer Mensch werde, damit sich jemand mit mir versöhnen kann.

Wie unendlich gut muss das dem Herzen tun, wenn wir einander in die Arme fallen können … wortlos … und einfach weinen … Weint Gott aus Freude mit?

Die Aufgabe: Trennung von Laban (Gen 31,1–32,1)
Wir sehen Jakob und Laban vor einem Steinhaufen sitzen, denn sie als ein Vertragszeichen aufgerichtet hatten: Worum ging es da?

Jakob lebte wie jeder Mensch in verschiedenen Partnerschaften: Als Kind war er der Partner seiner Eltern und hatte eine reich bewegte Geschichte hinter sich. Er lebte in einer Partnerschaft mit seinem Bruder – eine tragische Partnerschaft. Er war der Partner seiner Frauen und Nebenfrauen, seiner Kinder, Knechte und Mägde – und eben auch der Partner seines Onkels und Schwiegervaters Laban.

Diese Partnerschaft war für Jakob sehr wichtig – begann er doch gleichsam eine neue Beziehung zu einem „Vater". Ihm war er zugetan als der Mann seiner Töchter. Ihm war er untertan als ein Knecht und Dienstnehmer. Zwanzig Jahre angestrengter Arbeit, treuen Dienstes und vor allem eines neuen Familienlebens haben Jakob verändert. Er hatte aufgehört, der Betrüger und Erbschleicher zu sein. Er war zu einem verlässlichen Partner herangewachsen – hatte doch Gott ihm gesagt, dass er sein Schicksal in seine Hände nehmen und mit ihm gehen werde.

Die Versöhnung mit Esau war die schönste und ergreifendste Frucht dieser Bundespartnerschaft mit Gott: denn Gott hatte sich ihm verbündet und blieb ihm verbunden.

Der Abschied von Laban zeigt uns jedoch, das nicht nur Versöhnung oder Verzeihung eine Partnerschaft verändern können, sondern auch ein Auseinandergehen in Frieden.

So erzählt die Geschichte: „Jakob sah Laban ins Gesicht. Laban war ihm nicht mehr zugetan wie früher. Da sagte der Herr zu Jakob: Kehr zurück in das Land deiner Väter und zu deiner Verwandtschaft! Ich bin mit dir. Jakob ließ Rahel und Lea auf das Feld zu seiner Herd rufen und sagte zu ihnen: … jetzt auf!“ (Gen 31,2–5.13).

Mit allem, was ihm gehörte, machte er sich auf und davon. „Am dritten Tag meldete man Laban, Jakob sei auf und davon. Da nahm Laban seine Brüder mit und jagte ihm sieben Tage lang nach. Laban holte Jakob ein, als dieser gerade im Gebirge die Zelte aufgeschlagen hatte. Laban sagte nun zu Jakob: „Was hast du getan? Du hast mich überlistet und meine Töchter wie Kriegsgefangene weggeführt. Warum hast du mir verheimlicht, dass du dich davon machen wolltest? Ich hätte dir gerne das Geleit gegeben mit Gesang, Pauken und Harfen. Du aber hast mir nicht einmal gestattet, meine Söhne und Töchter zu küssen. Du hast töricht gehandelt. Es stünde in meiner Macht, euch Schlimmes anzutun“ (Gen 31,22.23.25–29).

„Jetzt aber komm, wir wollen einen Vertrag schließen, ich und du. Der Vertrag soll Zeuge sein zwischen dir und mir. Da nahm Jakob einen Stein und richtete ihn als Steinmahl auf. Dort auf dem Steinhügel aßen sie … Der Herr sei Späher zwischen mir und dir, wenn wir voneinander nichts mehr wissen. … Nie will ich diesen Steinhügel in böser Absicht gegen dich überschreiten und nie sollst du diesen Steinhügel oder dieses Steinmahl in böser Absicht gegen mich überschreiten. … Da leistete Jakob einen Eid beim Schrecken seines Vaters Isaak. … Früh am Morgen stand Laban auf, küsste seine Söhne und Töchter und segnete sie. Dann machte er sich auf den Weg und kehrte nach Hause zurück. … Auch Jakob zog seines Weges“ (Gen 31,44–46. 49.52–54; 32,1–2).

Jakob und Laban am Steinhaufen – ein Zeichen des Abschieds und des Friedensschlusses. Laban war der Meinung, seine Töchter und deren Kinder und all das Hab und Gut des Jakob gehöre noch ihm. Er wollte nicht wahrhaben, dass eine neue Generation herangewachsen war, der er, Laban, nun zu weichen habe. Und in der Tat haben wir es hier mit einem Generationskonflikt zu tun: Der Sohn gegen den Vater und der Vater gegen den Sohn. Es ist eine ähnliche Thematik wie in der Tragödie des Ödipus. Nur wird sie hier im Rahmen der Bibel und durch die Anrufung Gottes als Zeuge und „Späher“ anders gelöst: Die beiden Streitparteien gehen in Friede auseinander und schwören im Angesicht Gottes, sich nichts Böses anzutun. Jahre, ja Jahrzehnte des Streits waren vorangegangen, nun ist ein Auseinandergehen in Frieden möglich.

Dieses Ziel, ein Auseinandergehen in Frieden, mag für viele Partnerschaften zutreffen: Eltern und Kinder, Geschwister (manchmal nach Jahren bitteren Erbschaftsstreites), ja, auch ein Auseinandergehen von Mann und Frau. Ein Auseinandergehen von Mann und Frau (als Wirtschaftspartner, als Liebespartner …), wenn ein Zusammenleben in Frieden nicht mehr möglich ist. „Zu einem Leben in Frieden hat Gott euch berufen“, sagt der Apostel Paulus (1 Kor 7,15).

Die faszinierende Geschichte Jakobs zeigt uns den langen Wanderweg eines Betrügers und Suchers, der mit Gott ringt und den Gott von Anfang an nicht verlässt – so will Gott uns auch sagen: Wohin du auch immer gehst, ich gehe mit dir! Wie immer du handeln wirst, ich verlasse dich nicht (auch wenn dein Handeln mich verlässt!). Ich führe dich durch die Tiefen und Höhen deines Lebens und verwandle sie in zu deinem Heil – oft auch durch viele Schmerzen hindurch. Du wirst Beziehungen eingehen und wieder verlassen – ich habe mich dir verbunden und eine Beziehung zu dir angenommen, die ich nicht aufkündigen werde. Ich, dein Gott, bleibe dir treu! Du wirst Liebe verletzen und mühsam wieder lieben lernen, denn ich, dein Gott, bin die Liebe, auch für dich! Du wirst mein Antlitz schauen im Angesicht deines Bruders und deiner Schwester, deines Mannes und deiner Frau, deiner Eltern und Kinder.

Die Entfremdung eines Paares: Jakob und Rahel

Die Klage: Jakob raubt den Erstgeburtssegen (Gen 27,1–46)

Wir haben eine traurige und tragische Geschichte vor uns: Isaak will seinen Erstgeborenen Esau segnen, doch der jüngere Jakob ist ihm zuvorgekommen und hat sich den Segen erschlichen. Die Mutter Rebekka hat die Feindschaft der Brüder geschürt und den alten Vater, ihren blind gewordenen Mann, ausgetrickst. Sie liebte ihren Lieblingssohn mehr als ihren Mann; eine „Ödipusfamilie“: die Segensfamilie des Alten Bundes zerbricht. Mann und Frau haben sich entfremdet. Die Mutter und ihr Lieblingssohn sind eine Partei geworden. Der jüngere

Sohn hat seinen Vater schändlich betrogen: Hass und Mordabsicht unter den Brüdern keimen auf.

Welche Familie, welche Ehe kann sich in diesem Schicksal wiederfinden? Wie schnell kann es geschehen, dass Mann und Frau sich fremd werden, oft schon bei der Geburt des ersten Kindes. Unerkannt schwelt dieser Zwist, spürbar vielleicht daran, dass die geschlechtliche Liebe erkaltet und statt der Zuneigung eine immer deutlichere Abkehr voneinander um sich greift.

Wie schnell kann es geschehen, dass die Kinder im Machtkampf der Eltern miteingesetzt werden: zur Unterstützung der eigenen Machtposition, um den oder die andere auszuspielen, um bei den Kindern Trost zu suchen, den man beim Gatten nicht findet.

Nach Jahren mag man vor einem Scherbenhaufen ehelicher Liebe stehen. Dass man Scherbe um Scherbe aber lange vorher schon aus dem Ganzen herausgebrochen hat, war unbemerkt, weil gut getarnt, geblieben. Wer wäre dabei am anderen nicht schuldig geworden? Wer könnte seine Hände schon in Unschuld waschen? Wie aber eine zerfallene Partnerschaft wieder kitten? Was kann man wünschen? Was muss man erträumen, damit die Brutalität des Faktischen nicht alle Zukunft bestimmt? Wie aus dem Teufelskreis der Schuld und der ständigen Beschuldigung herauskommen?

Die Vision: Jakobs Traum von der Himmelsleiter (Gen 28,10–22)

Der Hass unter den Brüdern konnte jeden Augenblick zum Mord werden. Auf das Ehepaar angewendet: Der Vater starb aus Gram, die Mutter verschwindet aus der Geschichte … Was sich zwischen den Brüdern abspielt: Aufgestauter Zorn, unterschwelliger Hass, kaum unterdrückte Todeswünsche gegenüber dem anderen … Flucht in die Berufsarbeit. In Reisen oder Krankheiten, in die Öffentlichkeitsarbeit, nur um nicht mehr zu viele Berührungspunkte zu haben …

Und was zeigt uns dieser Text? Einen schlafenden Jakob, den Flüchtling und Zerstörer der Liebe. Fort aus dem Familienkreis; gleichsam im Exil der Liebe träumt er – den Traum seines Elends? Keineswegs: Gott erscheint ihm an der Spitze des großen Heiligtums alter babylonischer Türme, mit ihren langen aufwärtsstrebenden Prozessionstreppen. Nicht Menschen, sondern Engel, die Boten Gottes, steigen auf und nieder. Das eine Ende dieser Treppe ist das sorgenvolle Haupt des Flüchtenden, das andere der Ewige selbst – und kein Wort des Vorwurfs oder gar der Strafe … „Ich bin mit dir, ich behüte dich, wohin du auch gehst …“ Ein Gott, der auf Strafe verzichtet oder es gar mit Sündern hält? Nein, aber ein Gott, der um die Not der Liebesentleerten weiß und ihnen zur Seite steht. Elend ist Strafe genug. Genug kann aber nicht an Erbarmen sein. Ein Gott, für sich, für die anderen, die Zurückgelassenen.

Dieser Traum ist wie ein Sakrament, das Gott dem Schuldigen in der Nacht selbst spendet. Denn Gott hat zu jedem, gerade in seinem Unbewussten, noch Zugang, Zugang auch durch Träume: „Hier ist nichts anderes als das Haus Gottes und das Tor des Himmels.“ Mitten in unsere Not, in unsere Schuld und Lieblosigkeit dürfen wir die Liebe Gottes hineinwünschen. Tief in unser Unbewusstes, denn was wollen wir schon von Liebe wissen, wenn unsere Nacht so von innen her verwandelt und erhellt wird? Wenn wir so von Gott träumen dürfen? Wenn er von innen her verwandelt, was wir von außen nicht mehr ändern können? Wenn er erlöst und Neues schafft.

Die Erinnerung (die Ressourcen): Jakob trifft Rahel (Gen 29,1–14)

Wie können Mann und Frau wieder an die Quellen ihres Alltags zurückfinden? Wie können diese Quellen, die doch einmal geströmt sind, wieder zu sprudeln anfangen? Kehrt an den Anfang eurer Beziehung zurück! Etwas hat euch doch so unwiderstehlich angezogen, es war doch einmal so wie auf diesem Bild: Jakob trifft auf seiner Reise Rahel, am Brunnen, als sie ihre Herde tränkt, denn sie war wie eine Hirtin. Die eigene Seelentiefe hat sich wie dieser Brunnen geöffnet, seine Tiefe wurde zum Miteinander der Liebe ... Ich habe dich doch einmal gewählt ... Ich habe dich erwählt ... Ich hatte meine Gründe und du warst mir alles ... Wenn ich es mir selbst vorsage, was damals in mir vorging, wenn ich es dir heute wieder sage oder schreibe, das was damals in mir vorging, kann das nicht wieder abgerufen werden? ... Ich habe ja damals auch lange Wege zurückgelegt, bis ich dir begegnet bin, warum sollte ich nicht auch heute wieder lange Wege gehen, um dich erneut anzutreffen, so wie damals?

Auch wenn dieses Bild nur unsere Erinnerungen weckt – auch diese sind in unsere Seele eingegraben, in unserem Gehirn gespeichert ... sollten wir sie nicht wieder abrufen können?

Jakob wurde durch den Gottestraum verwandelt, um dich, Rahel, treffen und lieben zu können.

Die Rückkehr zu den Quellen der Vergangenheit kann zu einem Hinabsteigen in die eigene Brunnentiefe werden, zu einer Neugeburt aus dem Wasser und dem Heiligen Geist.

Die Aufgabe: Rahel und Lea (Gen 29,15–30,24)

Das eigenartige Bild einer noch eigenartigeren Geschichte: Jakob hat sieben Jahre lang hart um seine geliebte Rahel gedient, bis er sie zur Frau bekam. Doch als er nach der Hochzeitsnacht erwachte, musste er zu seinem Schrecken feststellen, dass ihm ihre ältere und triefäugige Schwester Lea mit ins Hochzeitszelt gegeben worden war. Der Betrüger war betrogen worden, könnte man schadenfroh sagen. Doch die Geschichte hat einen tieferen Sinn, denn hat nicht jeder Mensch diese zwei Seiten: eine Licht- und eine Schattenseite?

Ist die Entfremdung unter Eheleuten auch so zu erklären, dass sie urplötzlich eines Tages auch die Schattenseite des anderen entdecken und sich bestürzt fragen: Wie konnte ich diesen Menschen lieben, der mir doch so fremd ist?

Und nun das Wunder, das an Jakob geschehen war. Er war ein anderer geworden. Wenn er Rahel nach wie vor liebte und bereit war, weitere Jahre um sie zu dienen, dann mag das doch auch heißen, dass der Mann nicht aufhört, die lichten und schönen Seiten seiner Frau zu lieben, sie so lange zu lieben, bis der Schatten in Licht verwandelt ist, besser: bis er sie mit ihren Schattenseiten liebt. Brauchen wir nicht jemanden, der uns auch mit unserer Schattenseite liebt, damit wir überhaupt erlöst werden können? So werden Eheleute und Partner einander zu Erlösern, wenn sie die Schatten des anderen mehr lieben, als diese sie selbst lieben kann. Beide Schatten sind ja wir, beide sollen in die Kraftfelder der erlösenden Liebe gehoben werden. Gott kann auch eine zerbrechende Partnerschaft heilen, denn er hat Zugang auch zum Unbewussten in uns, zu den Brunnenkammern unserer Herzen.

Familiennot und Rettung: Mose und der Auszug

Die Klage: Das Paschamahl (Ex 12,1–52)

Wir stellen uns als Bild vor: eine verschreckte und von außen bedrohte Familie wie versteinert um den Tisch sitzend. Es könnte eine Familie von Juden zur Nazizeit sein, die die Häscher und Schergen schon erwartetet hat, die gerade bei der Tür hereinkommen: Jetzt sind sie da! Jetzt hat die Stunde geschlagen! Wehe uns!

Wir können uns aber auch eine jüdische Familie in Ägypten kurz vor dem Aufbruch in die Freiheit vorstellen: Das Pascha vor dem Aufbruch; die Todesengel gehen von Haus zu Haus, um die Erstgeborenen derer zu töten, die die Türpfosten nicht mit dem Blut des Lammes bestrichen haben.

Wie viele Familien sind nicht zu Stein erstarrt, weil das Unheil umging und vor ihrem Haus nicht Halt machte? Kenne ich diese Situation aus meiner Kindheit? Schlich die Angst wie der böse Wolf um unser Haus herum? Hatte die Angst überhaupt einen Namen?

Wie fängt diese Vorstellung die Situation der Gemeinschaft ein, in der ich jetzt lebe? Lebe ich überhaupt darin oder vegetieren wir nur?

Was müsste geschehen, damit von unserer Gemeinschaft die Todesbringer abgehalten würden? Was, damit wir wirklich leben und nicht zu Stein erstarren? Wer oder was bringt Erlösung, Erlösung auch für uns?

Die Vision: Der Durchzug durch das Schilfmeer (Ex 13,7–14,31)

Welches Bild steigt bei diesem Text vor meinen Augen auf? – Ein Hirte, der eine Herde anführt – ein Bild des Vertrauens … Umgeben aber ist diese munter daherziehende Schar von bedrohlichen Wassermassen – und was haust in diesen? Fabelwesen, Ungeheuer, wie auf mittelalterlichen Fresken oder Kathedralen, halb Mensch, halb Tier. Vor allem sind es Meeresungeheuer, Phantome aus meinen Träumen, meinen Albträumen? … Führt der Hirte seine Kinder und Schafe aus dieser bedrohlichen Situation heraus oder durch sie hindurch? Ziehen sie so mit ihm, als würden sie von diesen Bedrohungen gar nichts merken? Wer bist du, liebenswerter Hirt? Bist du der Sänger Orpheus aus der Antike, dessen Gesang alle Raubtiere bändigte? Auch jene, die in meiner Seele hausen? Bist du Mose, der sein Volk durchs Schilfmeer führt? Bist du es, Jahwe, mein Gott, der zu mir spricht: „Gehst du durchs Wasser, gehst du durchs Feuer, ich bin dein Gott, dich zu erlösen“? Bist du es, Christus, der gute Hirte? Der nicht flieht, wenn der Feind, der Wolf kommt? Der uns durch alle Todeswasser hindurchgeleitet? Der sein Leben einsetzt für seine Schafe?

Christus, guter Hirte: Wenn du in unserer Familie, in unserer Gemeinschaft wärest! Bist du nicht ohnedies mitten unter uns, nur dass wir dich nicht sehen? „Und müsste ich gehen durch dunkle Schlucht, ich fürchte kein Unheil, denn du bist bei mir!" (Ps 21)

Wenn wir dich wahrnehmen, dann werden wir mit dir ziehen, hüpfend und wie Kinder sorglos spielend. Wenn wir mit dir ziehen, dann lassen wir die ungeheuren, angstmachenden Mächte hinter unserem Rücken. Dann geben sie nicht mehr den Ton an, sondern du: Wenn du, Christus, in unserer Familie den Ton angibst? Was wird sich dann alles ändern! Dann laufen wir mit dir in die Zukunft. Dann kann es nur vorwärts gehen, hinein in die Welt voll Freude, voll Ermutigung. Was strahlst du doch alles aus! Die Verkörperung dieses Lichtermeeres, ein mildes Licht in Person gegen alles Todesmeer!

Wo ist mein Platz in diesem Bild? Mit wem laufe ich zusammen? Wen habe ich an meiner Seite? Was habe ich alles überwunden? In welche Zukunft laufe ich? Was will ich dir, Christus, sagen? Was sagst du mir? Was uns, unserer Familie, unserer Gemeinschaft?

Die Erinnerung (die Ressourcen): Mirjam tanzt und singt (Ex 15,1–21)

Die tanzende Mirjam! Du musstest tanzen. Du konntest nicht mehr stille halten. Du bist befreit. Ihr seid befreit! Ihr seid durch das Todesmeer hindurchgeschritten. Ihr habe den Holocaust hinter euch. Du singst von Gott: „Denn er ist hoch erhaben! Rosse und Wagen warf er ins Meer!" (Ex 15,21). Wenn der Pharao seine ganze Kriegsmaschinerie gegen euch aufbietet, dann ist Jahwe ein

Stärkerer, dann lässt auch er sich einem Kriegsherrn vergleichen … Denn die Liebe ist immer noch stärker als der Tod … Tanze Mirjam, tanze! … Mädchen aus allen Völkern sind deine Freundinnen, sie schlagen Tamburine und Pauken …

Werden alle Völker einmal so singen und tanzen? Werden die Träume in Erfüllung gehen, die ich als Kind gehabt habe? Ich konnte doch auch einmal lachen, tanzen, hüpfen … das spielende Kind, der hüpfende Bub, das tanzende Mädchen: Sind sie die Verheißungen des Lebens? Wird in Erfüllung gehen, was wir als Kinder schon kannten, schon getanzt haben? Müssen die Kinder aller Welt tanzen, weil ihrer das Himmelreich ist? Weiß das Kinderlachen und das Kinderweinen um die Gegenwart dieses Himmelreiches im Herzen? … Bist du, Gott, allen Kindern aller Völker unmittelbar gegenwärtig? Tanze ich darum in meine Freiheit hinein, weil ich schon als Kind gespielt habe? Und weil du mich mein Leben lang als guter Hirte führst – auch durch die Todeswasser des Sterbens hindurch? Ist der Himmel ein Reigen der Völker Jahwes?

Die Aufgabe: Wasser aus dem Felsen (Ex 17,1–4)

Ein Bild, in dem die Quellen sprudeln, die Wasser fließen, wo der Himmel sich auftut und süßes Mannabrot regnen lässt. Ein Bild der Wüste, auf dem zugleich die Wüste überwunden wird: „Das macht die Wüste so schön, dass in ihr ein verborgener Brunnen ist“, sagt Saint-Exupéry im „Kleinen Prinz“.

Wenn der Lebendige das Leben nur so verstreut und verteilt, soll ich dann nicht meine Schöpfgefäße zusammensuchen, um Wasser zu schöpfen? Ist mein Weg durch die Wüste das Schauen nach dem verborgenen Brunnen? Wenn das so ist: Was kann sich dann in unserer Familie, in unserer Gemeinschaft ändern? ... Wenn wir zu Wünschelrutengängern des Lebens werden? ... Der betende Mose: Zieht er die Wasser auf die Erde herab? ... Wer betet für meine Familie? Dem Himmel muss nichts abgetrotzt werden, er gibt von sich aus im Überfluss, offene Hände können diesen Überfluss auffangen: Es genügt, wenn einer für die anderen die Hände ausbreitet, damit sie an das Wasser glauben, an die Quellen. Brauchen wir den langen Marsch durch so viele Wüsten, bis wir die Quellen suchen? Bis wir den Durst des Lebens glauben? Wo sehe ich mich auf diesem Bild?

Wen sehe ich neben mir, mit mir Wasser schöpfen? Mich als Gefäß weit machen?

Es ist Bewegung in unsere Familie gekommen: Sie ist nicht mehr erstarrt, sie ist unterwegs, sie wandert, sie ist zu einer spielenden Kinderschar geworden, zu einem Reigen der Mädchen aus allen Völkern, zu Wanderern zwischen zwei Welten, zu Wanderern in der Wüste, die nach den verborgenen Brunnen unterwegs sind, die nicht leben würden, wenn sie nicht schon schöpfen könnten.

Ist alles Leben ein Hindurchzug? Ein Hindurchzug durch Feindschaft und Angst ... durch Verfolgung und dürre Wüsteneien? Durststrecken? Ein Suchen, dem ein Finden verheißen ist? Ein Bitten, dem ein Empfangen versprochen ist, ein Anklopfen an harte Felsen, ein Anklopfen am Himmel, der sich auftut.

Väter und Söhne: David, Samuel und Saul

Die Klage: David spielt vor Saul (1 Sam 16,14–23; 18)

Als David an den Hof des Königs Saul gerufen wurde, war es, als hätte er einen neuen Vater gefunden. Saul fand Gefallen an David und ließ sich in den Stunden, da er von seiner Schwermut und von seinen Wahnvorstellungen befallen war, von David auf der Harfe vorspielen – „und der böse Geist wich von ihm". (Es ist dies übrigens die erste historische Bezeugung von Musiktherapie.) Als aber David in den Kämpfen gegen die Philister immer mehr Erfolge errang, schlug die ganze Wucht des Wahnsinns des Königs über dem jungen David zusammen. Die Tobsucht des Königs verfolgte ihn und bei mehreren Mordanschlägen wollte Saul ihn kurzerhand mit dem Speer an die Wand spießen. Selbst als David mit Hilfe Jonatans, des Königssohnes und seines Freundes, floh, wurde er trotzdem noch lange Jahre unerbittlich und mit aller Grausamkeit vom umnachteten König verfolgt. David widerfuhr das Schicksal, das viele Kinder aus ihrer eigenen Familie kennen: Ein Vater, dem es selbst schlecht geht, wird zur ständigen Lebensbedrohung des Kindes. Ehestreitigkeiten, Arbeitslosigkeit und Trunksucht können schon in den ersten Lebensmonaten wie die Wucht einer finsteren Gewitterwolke das Leben des Kindes verdüstern. Ihr ganzes Lebensgefühl wird geprägt von der Bedrohung und zeitlebens werden sie ihre Umwelt als bedrohlich, feindselig und todbringend erfahren. Tag- und Nachtängste, Albträume und Argwohn prägen ihren Charakter. Ob nur befürchtet oder real erlitten – ihre Lebensbedrohung wird zu einer Dauerqual, aus der sie kaum herauskommen.

Wer kennt solche Kinder nicht? Wer hat das nicht auch schon am eigenen Leib erlebt? Die Katastrophenträume, die Schweißausbrüche, die ständige Angst vor Autoritäten, der verschreckte Blick und der ständige Zweifel, nicht oder doch geliebt zu werden, werden zur zweiten Haut. – So sehen die bittersten Leidensgeschichten von Kindern aus.

Die Vision: David schont Saul (1 Sam 26)

Jahrelang war David vor Saul auf der Flucht. Aber auch als er schon selbst ein erfolgreicher Krieger war, hat er sich seinerseits nie gegen Saul gewandt. Dieser war für ihn der unantastbare Gesalbte des Herrn. Immer wieder suchte er den Kontakt mit ihm und wollte ihm beweisen, dass er nichts gegen den Königsvater hatte. Ja, im Gegenteil: Es schaut aus, als hätte er stets die Liebe auch eines solchen Vaters noch gesucht. So hören wir in dieser Stelle, wie er sich in der Nacht in das unbewachte Lager Sauls schlich, von dessen Haupt Speer und Wasserkrug mitnahm, um ihm dann aus der Ferne zuzurufen: „Ich hätte dich töten können – glaubst du nun, dass ich nichts gegen dich habe und dich immer noch suche?“ (vgl. 1 Sam 24,12).

Wie viele Kinder suchen zeitlebens die Liebe gerade ihres unnahbaren Vaters! Als wären sie mit magischer Kraft an ihn gebunden, gilt ihre ganze unerfüllte Sehnsucht gerade dem abweisenden, sie bedrohenden Vater. Ein negativ erlebtes Vaterbild kann wie zu einem Suchbild eines ständig ersehnten, oft auch idealisierten Vaters (natürlich auch einer solchen Mutter) werden. Eine verzweifelte ambivalente Vaterbindung ist die Folge: immer wiederkehrende Enttäuschung. Was Wunder, wenn sich aus diesem wiederkehrenden Gemisch von Hoffnung und Verzweiflung in der Seele eines solchen Menschenkindes eine düstere Wolke zusammenbraut, in der der Wahnsinn des Vaters wiederkehrt und vom suchenden Kind Besitz ergreift.

Wie könnte da Gott als Vater ersehnt werden, wenn er zugleich alle Züge eines drohenden und letztlich vernichtenden Gottesidols trägt, wenn er ein Gott-Vater ist, dem man letztlich nie über den Weg trauen kann? Wer erlöst mein Kindsein aus *solchen* Qualen?

Die Erinnerung (die Ressourcen): Samuel salbt David (1 Sam 16)

David hatte in Isai einen guten leiblichen Vater (die Wurzel „Jesse", wie ihn das Weihnachtslied besingt): Im greisen Propheten Samuel hatte er aber einen Vater gefunden, der wie ein Abbild des göttlichen Vaters auf Erden gewesen sein muss. Dieser hatte den kleinsten Isaisohn, David, ihn und keinen anderen, ausgesucht und heimlich zum kommenden König gesalbt. In dem weichen, duftenden Salböl aus der zärtlichen Vaterhand wird die Zärtlichkeit Gottes selbst spürbar auf ihn herabgeflossen sein und ihn ganz umhüllt haben. Und auch der Geist Jahwes, der mit dieser sanften Salbung kam, wich nie mehr von David. So auch nicht die Erinnerung an Samuel. Der greise Prophet wird in der Seele Davids wie ein innerer Schutz und Führer weitergelebt haben. War dieses eingravierte Vaterbild vielleicht die innere Kraft, die es David ermöglicht hat, auch den tobenden Saul als den Gesalbten des Herrn zu achten, ja sogar zu lieben?

Welche Mütter und Väter sind mir in meinem Leben begegnet? In der Familie und in der Nachbarschaft? Lehrerinnen und Lehrer, Priester und gute Großeltern? Gerade wenn wir uns als Heranwachsende von den leiblichen Eltern zu lösen beginnen, gewinnen solche Wahleltern eine große bleibende Bedeutung. Sie können uns oft eine geistige Orientierung geben, die über unsere Familienmitgift hinausweist. Sie sind ein Kompass in Richtung einer Elternschaft, die wir selbst verwirklichen möchten.

Wer taucht da in meiner Erinnerung auf? Wen erfühlt meine Seele?

Wer kann so wie ein Magnet wirken, der alle guten Vatererfahrungen wie in ein einziges Kraftfeld zusammenführt und zur Quelle meines Vertrauens wird? Eines Vertrauens, das ich überhaupt erst zurückgewinnen muss? Wer bist du, meine geistliche Mutter, mein spiritueller Vater? Danke, dass es dich gibt!

Die Aufgabe: Abschaloms Tod und Davids Klage (2 Sam 18,6–18; 18,31–19,5)

Ein Kind, das von seinem Vater oft geschlagen wurde, schwört: So will ich zu meinen Kindern nie und nimmer sein! Die Tragik liegt aber nun darin, dass dieses leidvoll geprägte Vaterbild das erste und am tiefsten eingeprägte ist. Und wenn wir keine anderen Ersatzeltern kennen und lieben gelernt haben, bleibt das Gelernte eben das Gelernte, auch wenn wir es ablehnen. Es ist schwer möglich, dass ein geschlagenes Kind nicht zum „verschlagenen" Kind und dann in tragischer Konsequenz auch wieder zu einem misstrauischen Elternteil wird, der dann schnell wieder zuschlägt, als hätte er nichts anderes gelernt.

Welches Entrinnen gibt es daraus? Wir müssen unsere Seele, das Kind in uns, neu „beeltern“, ihm neu und gut selbst Vater und Mutter sein. Wir können auf diese Wahlväter und Wahlmütter zurückgreifen, müssen sie buchstäblich erst wieder ausgraben aus unseren Erinnerungen und Macht über uns gewinnen lassen.

Können wir auch von David lernen? Sein Sohn Abschalom hatte gegen ihn eine Revolution entfacht, ihn aus Jerusalem vertrieben und als Hochverräter seinem Vater nach dem Leben getrachtet. Und David? Abschalom wurde von Davids Heerführern regelrecht hingerichtet. David weinte aber um seinen Verrätersohn. Alles war vergessen, was er ihm angetan hatte. David spürte nur den Verlust des Sohnes, den Schmerz um den Geliebten. In David mag etwas von der unbegreiflichen Vaterliebe Gottes aufgebrochen sein, dessen Liebe auch unsere Abwendung von ihm selbst nicht verkleinern kann. Ich werde wohl auch als Erwachsener nicht aufhören, ein Vatersucher zu bleiben: nicht, um einen guten Vater zu finden, sondern um selbst ein guter Vater zu sein. Das Herz in Liebe einschmelzen lassen, ihm seine gute Gestalt geben – wie vielen Kindern kann ich dann ein guter Wahlvater, eine gute Wahlmutter sein? Und nicht nur den Kindern, sondern jedem, der sich hilfesuchend an mich wendet!

Zum Lieben erlöst werden: Sara und Tobias

Die Klage: Die Bedrängnis der Sara (Tob 7,1–17)

Ich bin Sara. Ich bin eine junge und schöne Frau, doch ich bin eine arme Frau. Sieben Männer habe ich schon gehabt und alle sind in der Hochzeitsnacht gestorben. Denn ich bin von einem Dämon beherrscht, dem Dämon der Liebesunfähigkeit. Jedes Mal mussten sie, wenn ich glaubte, einen Mann zu lieben, diesem das Grab schaufeln. In diesen Gräbern ist meine Hoffnung auf Liebe beerdigt.

Bin ich wie Dornröschen, an dessen Dornenhecken alle Freier und Liebhaber wie Insekten aufgespießt werden? Wer hat mich so unfähig zur Liebe gemacht? Bin ich wie Schneewittchen von meiner „Stief-Steifen Mutter" beherrscht und verhext? Schnürt ihre verinnerlichte Lieblosigkeit mein Herz von meinem Geschlecht ab? Kämmen ihre strengen und unerbittlichen Gedanken heute noch meinen Kopf? Hat ihre Liebesunfähigkeit mich wie einen Apfel vergiftet?

Ich, diese eingeschnürte Frau, kann auch die Seele, die „Anima" eines zur Liebe unfähigen Mannes sein. Wer wird mich erhören? Ist dieses Liebesverlangen schon auf den Tod ausgerichtet? Wer ahnt die Verzweiflung, die in meinem Inneren liegt? Die Angst vor jeder neuen Liebesbegegnung. Keiner glaubt ja mehr daran, dass ich noch lieben könnte. Dass mein Liebesverlangen etwas anderes als den Tod brächte. Wer bringt mir Erlösung? Wer befreit mich von dem Dämon der Liebesunfähigkeit? Wer von den schrecklichen Verinnerlichungen, von den Introjekten meiner Kindheit? Gibt es für mich eine Erlösung?

Die Vision: Die Erlösung von Sara und Tobias (Tob 8,1–14,15)

Das ist das Bild eines Lebens, nach dem ich mich sehne: Ein Tanz der Liebe! Befreit von diesem Dämon der Liebesunfähigkeit – befreit durch wen? Wer hat für mich das Herz auf die Glut gelegt, so dass der Dämon entfloh? Wer hat die Fenster meines Kerkers geöffnet, so dass in meine Räume die goldene Stadt Jerusalem schaut? Die Stadt meines Gottes auf Erden, ganz aus Edelsteinen und Gold, das Kostbarste, was es auf Erden gibt. Die Gemeinschaft der Menschen, in der Gemeinschaft mit Gott. Wohl nur von dort her wird unsere menschliche Liebe erlöst werden. Nur dort hinaus werden wir blicken müssen, um Hoffnung zu schöpfen in einem Bereich unsterblicher Liebe. Wir greifen in unseren Träumen nicht zu hoch, wenn wir der Liebe Unsterblichkeit zutrauen, denn unser Gott hat schon für uns diesen Traum geträumt.

Gott hat einmal Ja zu uns gesagt. Und er nimmt dieses Ja nicht mehr zurück. Sein Ja geht über unseren Tod hinaus und garantiert uns Ewigkeit. Seine Treue trägt auch unsere Liebe in sein ewiges Reich … Es klingt kitschig, aber es ist wahr: Ich tanze mit dir in den Himmel hinein, in den Himmel der Liebe!

Die Erinnerung (die Ressourcen): Tobias nimmt Abschied (Tob 1–5)

Woher bekommen junge Leute immer wieder den Mut zur Hoffnung und zu einer Liebe, die dem Tod trotzt?

Wir sehen den jungen Tobias von seinen Eltern Abschied nehmen, sie schicken ihn in eine ferne Stadt, damit er von dort einen Goldschatz mit nach Hause bringe – wohl ein Sinnbild seiner eigenen Selbstfindung und Selbstvollendung. Der alte Vater ist blind. Doch er gibt ihm viel auf den Lebensweg mit: Seine Weisheitssprüche reden unentwegt von den Werken der Nächstenliebe, der Gerechtigkeit und der Gottesfurcht. Sie sind die inneren Werte, die der junge Mann in sich trägt. Sie sind das geistige Bild seines Vaters, sein Introjekt. Begleitet wird er vom Erzengel Rafael, der inkognito an seiner Seite wandert. „Gott heilt“, „Gott schützt“ ist sein Name. Er versinnbildlicht die Gegenwart Gottes, in der Gegenwart seiner Eltern. So ausgerüstet kann wohl jeder junge Mensch den Weg in sein abenteuerliches Leben gehen…

Und ich? Ich habe doch auch Bilder meiner Eltern in mir. Auch sie haben mir Werte mitgegeben und Wünsche, Segenswünsche. Mein Herz hat alles gespeichert, was ich von meinen Eltern an Gutem erfahren habe. Niemand kann es mir ausradieren. In ihnen ist mir die Mutterliebe und die Vatersorge meines Gottes schon einmal begegnet. Sie tragen und begleiten mich auch jetzt. Sie tragen und begleiten auch meine Träume nach einer Liebe, die glückt. Sie sangen ja von der goldenen Stadt Jerusalem – vielleicht sind sie dorthin schon heimgegangen – um so sicherer ist ihr Geleit.

Die Aufgabe: Tobias und der Fisch (Tob 6,1–9)

Ich sehe Tobias am Tigrisfluss. Nun begreife ich Tobias: Er konnte die Auseinandersetzung mit dem Fisch aus der Tiefe aufnehmen, weil er das Elterngeleit und den

Schutzgeist bei sich hatte. Was mag in dem Tier aus der Tiefe wohl alles versinnbildlicht sein? Welche Mächte brodeln in meiner Tiefe? Was will mich in die Tiefe ziehen? Was wissen davon schon meine Angstträume? Welche Kämpfe warten auf mich?

Ich vertraue dem Engel an meiner Seite. Ihn haben mir ja meine Eltern mitgegeben. Er ermutigt und stärkt mich für den Kampf. Ich darf mich den Mächten der Tiefe und des Unbewussten aussetzen. Ich kann sie ans Land, in mein Bewusstsein ziehen. Ich kann sie aufschneiden, ihr Inneres mir aneignen. Ich lebe von der Kraft aus der Tiefe, wenn ich sie nicht abspalte, sondern mir aneigne.

Der geheimnisvolle Fisch hat noch mehr: Er gibt mir auch die Gaben der Erlösung für meine Frau, für unsere Liebe. Gegen alle Dämonen der Lieblosigkeit sollen wir durch sie gefeit werden. Und er gibt mir auch die Galle, mit der ich die Blindheit meines alten Vaters heilen kann. „Der Sohn wird zum Vater seines Vaters“, sagt ein taoistischer Spruch. Nun verstehe ich jeden, der Tobias ist: Er und sie sind die Erlöser der Liebenden. Sie sind die Liebenden, die einander zum Erlöser werden. Auch ich trage diese erlösende Kraft in mir, in mir für jemanden anderen, der mich braucht. Ich habe den Engel an der Seite. Ich gehe den Weg weiter. Jemand wartet auf mich. Erlösung ist gewiss.

Sterben lernen: Der Tod Sauls und Elijas

Die Klage: Saul bei der Seherin von En-Dor (1 Sam 28,3–25)

Das alte Israel musste mit dem schrecklichen Selbstmord seines ersten Königs Saul, des Gesalbten des Herrn, fertig werden – aber wie? Wie konnte der Gesalbte des Herrn Hand an sich legen? Wie kann überhaupt ein Mensch…? Womit musste aber Saul fertig werden – und ist nicht fertig geworden?

Seine Seele war offenbar vom Geist der Schwermut und der Verdüsterung heimgesucht, was sich in Tobsuchtsanfällen ausdrückte. Der anfangs junge strahlende Saul war am Ende seines Lebens wie dämonisiert, war ein seelisches Wrack. Nicht fertig wurde Saul damit, dass ihm in seinem Günstling, gleichsam in seinem Adoptivsohn, David, so etwas wie ein Nebenbuhler erstand: Saul spürte deutlich, dass die Macht von ihm auf David übergehen würde. Und so wurde David für ihn zum Todfeind, den er überallhin verfolgen ließ, damit er ihn töten könne. Mehrmals hatte er in einem Anfall den Speer gegen ihn geschleudert. Nicht fertig wurde Saul damit, dass sein Sohn Jonatan zum Freund und seine Tochter Michal zur Lieblingsfrau Davids wurden. Und schließlich wurde Saul damit nicht fertig, dass sein Lebenswerk gescheitert war: nämlich die Befreiung von der Übermacht der Philister. Sie sollten in der Entscheidungsschlacht siegen und ihn und seine Söhne töten. Diesem Tod durch die gottlosen Feinde ist er mit dem Selbstmord zuvor gekommen, indem er sich ins Schwert stürzte. Ja, menschlich gesehen, ein gescheitertes Leben. Wie aber ist es in den Augen Gottes?

Dem Text zufolge liegt Saul vermummt in der Nacht vor seinem Ende vor der Seherin und Totenbeschwörerin von En-Dor, seiner letzten Zuflucht. Diese Erzählung ist offensichtlich eine spätere Legende, mit der Gläubige und Propheten in Israel dem Unbegreiflichen dieses Todes etwas näher kommen wollten. Aber auch in dieser Legende prasselt es nur so auf Saul hernieder. Wie konnte er die Totenbeschwörer und Wahrsagerinnen in ganz Israel ausrotten (tatsächlich geschah das unter Joschija, einige Jahrhunderte später), um dann selbst diesen gottlosen Gang zu einer Hexe zu tun? Konnte er zu Recht Gott nicht mehr erfahren, ihn nicht mehr spüren und sich von ihm als verworfen betrachten, da er dem grausamen Gesetz des altisraelitischen Religionskrieges widerstand und niedergeworfene Feinde nicht samt Frauen, Kindern und allem Vieh ausrottete? Dieses Morden galt als Gottes Gesetz, dem Saul widerstand; dafür aber galt er in den Schriften als Gottverworfener. Ebenso als Gottverworfener gilt er bei den Priestern, weil er einmal, und das vor einer Schlacht, als kein Priester anwesend war, selbst das Opfer darbrachte, den Gottesdienst selbst leitete: Und schon gilt er in den Augen der „Kirche" als ein Gottverworfener. Mit all dem sollte Saul fertig werden? Kann man damit fertig werden? Von Kindern und Frauen verlassen, ein gescheitertes Lebenswerk, von den Priestern ausgestoßen, von den Fundamentalisten verteufelt, von Gott weit und breit nichts zu hören und zu spüren, den schrecklichen und entehrenden Tod auf dem Schlachtfeld vor Augen (aber schlimmer noch war der soziale Tod des Königs). Wen wundert es, wenn ein solcher Mensch selbst, aus eigenem Antrieb, geht?

Einen Trost für Saul kennt die dem schrecklichen Ereignis vorgelagerte Legende: Saul nimmt in letzter Verzweiflung Zuflucht zu seinem geistlichen Vater, dem Propheten Samuel, der ihn gesalbt hat: Und Samuel erschien ihm in der Totenbeschwörung: vielleicht im Traum oder ganz tief unten im Unbewussten. Und dieser sagt zu ihm, den alle und alles verlassen hatten: „Morgen wirst du samt deinen Söhnen bei mir sein!" Wenigstens einer, der ihn nicht verlassen oder verteufelt hat. Dieser eine war kein Geringerer als der größte Gottesmann seiner Zeit. Freilich, er war schon gestorben. Aber gerade, weil er aus dem Totenreich kam, konnte er dem Niedergeschmetterten, durch übergroße Schuld Ausgestoßenen, eine Brücke in die Welt der Toten bauen – in die Welt der Toten? Lebt Samuel nicht? Darf ein Selbstmörder hoffen, dass ihn drüben ein Freund und Gottesmann erwartet, wenn ihn hier alle Freunde und Gottesmänner verlassen und verstoßen? Treiben ihn der soziale Tod und der wirkliche schreckliche Tod gleichsam in die Hände eines Freundes von drüben? Was heißt: Nicht sterben wie Saul, wenn es einem nicht anders geht als Saul? Wenn ihm als letzte Ausflucht nur ein liebender Mensch von drüben bleibt? Auch diese Legende steht in der Bibel.

Die Vision: Die Himmelfahrt des Elija (2 Kön 2,1–13)

Wir haben einen Text vor uns, der das Sterben eines Menschen vor Augen malt und in Erinnerung ruft: Das Bild könnte nicht strahlender vorgestellt und das Sterben nicht in ein schöneres Licht getaucht werden. Worin liegt der Lichtglanz dieses Sterbens?

Elija war ein Prophet und ein Gottverbundener. Auch sein Leben kannte Höhen und Tiefen. Er hatte andersgläubige Priester grausam niedergemetzelt, aber unter Schmerzen wieder zu Gott gefunden. In der Legende dieses einen biblischen Kapitels wird uns ein Sterben vor Augen geführt, wie es das alte Israel von seinen Gottesmännern und wohl auch Gottesfrauen erhoffen wollte. Erzählt wird die Geschichte nur von Elija, erzählt, weitererzählt und gehört wurde sie aber auch bis auf den heutigen Tag von Tausenden Jahwegläubigen und so gilt sie wohl all diesen bis heute noch. Elija kannte den Schreck des nahenden Endes, denn er will sich ganz allein zum Sterben zurückziehen – keiner sollte Zeuge seines Abstiegs und Heimgangs sein. Aber da war sein Freund und Schüler Elischa: Dessen Freundschaft wollte ihn selbst im Sterben nicht verlassen: „So wahr der Herr lebt und so wahr du lebst: Ich verlasse dich nicht." Wenn jemand in der Zeit unseres Sterbens so zu uns spricht, dann sind wir von einer Liebe und Treue umgeben, die uns ganz umhüllt und die sich auf Gott beruft. „So wahr der Herr lebt, so wahr verlässt er dich nicht." Dein Sterben ist kein Abbruch deiner Gottesbeziehung; als Unterpfand soll dir dienen, dass auch ich dich nicht verlasse, und wenn ich nur noch deine Hand halten kann!

Und der Freund geht mit ihm alle Schritte mit: von der Höhe des Lebens in die normale Ebene des Alltags, bis hinter in den Jordangraben tief unter dem Meeresspiegel – ein Abstieg schon wie unter diese Welt, aber begleitet von einem treuen Freund, dem nur zwei Wesen wichtig sind: Jahwe und der sterbende geliebte Mensch: „So wahr der Herr lebt und so wahr du *lebst*!" Nicht vom Tod ist hier die Rede, sondern vom Leben, vom Leben Gottes und vom Leben des Geliebten – ist der Tod nicht schon überwunden? Relativiert? Denn gemeinsam überschreiten sie auch wunderbar den Jordan als den Todesfluss. Sie durchbrechen gemeinsam die Grenze zwischen Diesseits und Jenseits, sie gehen gemeinsam hinüber, dorthin, wo die letzten Erfahrungen gemacht werden können, die Erfahrungen des Abschieds.

Der sterbende Elija weiß, dass Jahwe selbst ihn heimholen wird. Sein Sterben wird ein Aufbruch und kein Abbruch sein – kannst du das glauben? Mein Sterben ist eine Himmelfahrt und kein Abstieg in das Totenreich: kannst du das auch so sehen und erhoffen? Ja, Jahwe verlässt seine Freunde nicht. – Schaust du mir, dem Hinscheidenden so lange nach, bis du in meinem Tod die Herrlichkeit Gottes aufleuchten siehst? Mit feurigen Pferden im Sonnenwagen wird Elija gehen – ist dieser Sonnenwagen nicht die unbesiegbare Sonne, der auferstandene Christus, wie in einer Vorahnung geschaut? Wussten die alten Israeliten schon tausend Jahre vor Jesus, dass Gott ihren Sterbenden entgegenkommt wie Licht, sie heimholt, wie Hände einen Geliebten umarmen und an sich drücken?

Wer solche sterbenden Freunde und Vertraute vor Augen hat, mag getrost auch seinem Tod entgegenstehen. Gewiss, er wird um den Hingegangenen trauern, aber er wird auch einen großen Anteil an dessen oder deren Geist erhalten und so in die Welt zurückgehen.

Die Erinnerung (die Ressourcen): Elija will sterben (1 Kön 19,1–8)

Wir sehen den verzweifelten Elija in der Wüste unter einem Ginsterbusch sich selbst den Tod wünschen. Er konnte nicht mehr leben und er wollte nicht mehr leben. Wir sehen hinter ihm jedoch auch einen Engel stehen, der für ihn die Gaben des Lebens, Wasser und Brot, bereit hält. Freilich, Elija selbst sieht diesen Engel noch nicht. – Wie kann ein Mensch zu dem Glauben finden, dass Gott nicht das Ende des Lebens ist, sondern dass es ein unsterbliches Leben bei Gott gibt? Was hat dieses Bild mit einer solchen Hoffnung zu tun, da es doch ein Bild der Verzweiflung zu sein scheint? Auch Paulus berichtet seiner Gemeinde in Korinth, dass er einmal in einer solchen ausweglosen Situation war (auf dem Meer beim Schiffbruch oder in der Gefangenschaft), dass er mit dem Leben schon abgeschlossen hatte. Er sah keine Zukunft mehr vor sich und setzte nur noch auf Gott. Dann aber wurde Paulus doch gerettet, und von diesem Tag an erfüllte ihn eine große Gewissheit, dass Gott uns immer und überall und einmal endgültig retten und auferwecken werde (vgl. 2 Kor 1,3–11).

Kenne ich das aus meinem Leben auch, dass ich schon alles aufgegeben hatte und dann doch gerettet wurde? Dass ich gänzlich verzweifelte und in die Wüste ging, dann aber doch, wie von einem Engel gereicht, für mich Brot der Liebe und Wasser des Weiterlebens da waren? Wurde ich aus einer ausweglosen Situation doch noch auf einen Weg des Lebens geschickt, so dass mir daraus die Gewissheit erwächst: Es kann da kommen, was da mag, Gott wir mich retten – auch über den Tod hinaus?

In der Kreuzwegandacht gibt es drei Stationen gleichen Inhalts: Jesus fällt unter dem Kreuz und steht wieder auf. Hier spiegelt sich die Erfahrung einer glaubenden Existenz, weil sie sich durch alle Jahrhunderte und durch alle Religionen zieht. Körperlich, seelisch oder sozial holt uns immer wieder der Tod ein, denn mitten in diesem Leben sind wir tatsächlich vom Tod und der Sterblichkeit alles Endlichen umgeben. Mitten in diesen schrecklichen Erfahrungen und Ereignissen machen wir aber auch dann und wann die Erfahrung, dass wir aus solchen Situationen gegen alle Erwartung und Hoffnung gerettet und befreit werden. Von diesen unerwarteten „Auferstehungen" bleibt ein Bodensatz an Gewissheit zurück: So ist Gott, so ist das Leben – es geht über die Todesgrenze hinaus.

Einige solche Einbrüche des Lebens in den Tod, der Rettung in die Verzweiflung, mögen genügen, dass daraus der Glaube an die Auferweckung und die Hoffnung auf die Unsterblichkeit entstehen. Ausschlaggebend ist dabei, dass wir in solchen Wüstenerlebnissen Nähe erfuhren: die Nähe eines liebenden Menschen, die Nähe eines angerufenen Gottes, die Nähe Jahwes, wie immer er sich auch zeigt oder wodurch er sich zu erfahren gibt: als Liebe und Leben. Aus der erhofften und gewünschten Unsterblichkeit der Liebe erwächst der Glaube an die Unsterblichkeit, an das ewige Leben, denn sein Garant ist die Liebe, ist Gott, der die Liebe ist und uns in jeder menschlichen Liebe trifft. Wie nahe sehen wir hier bei Elija Verzweiflung und Hoffnung, Tod und Leben beieinander. Wer so einmal den Todesfluss überschritten hat, wird ihn voll Überzeugung endgültig in die Ewigkeit hin überschreiten.

Die Aufgabe: Gott im leisen Windhauch (1 Kön 19,8–18)

Gott hat den Elija durch alle Tiefen und Höhen des Lebens geführt. Des Elijas tiefste Tiefe war wohl damals, als er die Baalspriester mit Feuer und Schwert ausgerottet hatte. Ein solcher Fanatismus, vermeintlich für Jahwe, wird von Jesus scharf zurückgewiesen; er tadelt die Jünger, die bezeichnenderweise „Donnersöhne" genannt wurden und die auf die ungastlichen Samariter Feuer vom Himmel fallen lassen wollten (vgl. Lk 9,55). Doch auch Jahwe hat Elija eines Besseren belehrt. Er musste am eigenen Leib erfahren, was es heißt, auf den Tod verfolgt zu werden.

Dann aber führte Gott den so geläuterten Propheten auf den Berg der wahren Offenbarung und zeigte sich – zunächst *nicht* im Sturm. Der den Menschen niederschmettert, *nicht* im Feuer und Schwert, um den Menschen zu bestrafen, *nicht* im Erdbeben, um ihm alle Grundlagen des Lebens zu nehmen, sondern im leisen Windhauch der Zärtlichkeit und Freundschaft; in der wohltuenden Kühle in allem Leid, in der Wärme göttlicher und menschlicher Zuneigung. Wenn Gott *so* ist, dann ist auch das Sterben ein Fallen in sanfte Hände und nicht ein gewalttätiger Abbruch unseres Lebens; dann ist Sterben so, als würde Gott unser Leben wie durch einen Kuss von uns nehmen und zu sich holen; dann ist Sterben voll Hoffnung und Zuversicht auf ein unsagbares Geheimnis, das vielleicht nur die Dichter umschreiben können, wie *Friedrich Gottlieb Klopstock* tröstlich singt und ich mir vorsagen darf:

Auferstehn, ja auferstehn wirst du,
Mein Staub, nach kurzer Ruh!
Unsterblich Leben! Unsterblich Leben
Wird der dich rief dir geben.

Wieder aufzublühn, wirst du gesät!
Der Herr der Ernte geht
Und sammelt Garben
Uns ein, die starben!

O glaube, mein Herz, o glaube:
Es geht dir nichts verloren!
Dein ist, was du gesehnt!
Dein, was du geliebt,
Was du gestritten!

O glaube,
Du wardst nicht umsonst geboren!
Hast nicht umsonst gelebt,
Gelitten!

Was entstanden ist,
Das muss vergehen!
Was vergangen, auferstehen!

Hör auf zu beben!
Bereite dich zu leben!

O Schmerz! Du Alldurchdringer!
Dir bin ich entrungen!
O Tod! Du Allbezwinger!

Nun bist du bezwungen!
Mit Flügeln, die ich mir errungen,
In heißem Liebesstreben,
Werd ich entschweben,
Zum Licht, zu dem kein Aug gedrungen!

Mit Flügeln, die ich mir errungen,
Werd ich entschweben.
Sterben werd ich, um zu leben!

Auferstehen, ja auferstehen
Wirst du, mein Herz, in einem Nu!
Was du geschlagen,
Zu Gott wird es dich tragen!

II. Von der Heilkraft der Psalmen

Das Klagegebet im Alten Testament: Die Klage der Hanna und die Klagepsalmen

Zu Beginn des ersten Samuelbuches ist uns eine der schönsten Erzählungen des Alten Testaments überliefert: Die unfruchtbare Hanna erbittet vom Herrn einen Sohn und nach der Erfüllung dieser Bitte weiht sie ihren kleinen Samuel dem Dienst Gottes. Die Erzählung trägt zunächst den „Charakter eines Idylls“ (H.W. Hertzberg, Die Samuelbücher, ATD 10, 2. Aufl. 1960, S.14) an sich, das sich so einmalig zugetragen haben kann. Hinter dieser einmaligen Begebenheit steht aber mehr: Sie verrät uns, wie die Israeliten in der Richter- und Königszeit zu ihrem Gott zu beten pflegten. Die Erzählung hat für uns eine typische Bedeutung: Nicht dass es nur einmal so geschah, sondern dass man oft und regelmäßig zu Jahwe betete, ist für uns aufschlussreich; wir können nämlich dabei die Situation des Beters betrachten, ehe er vor Gott hintrat; wir erleben, wie sich seine Not in ein Gebet umsetzte und wie ihm von Gott her Hoffnung und Zuversicht zuwuchs. Diese Erzählung erschließt uns den Hintergrund und den Raum, in dem das formulierte Gebet steht, den existentiellen Boden, aus dem es herauswächst.

Hanna erlebt ihre Unfruchtbarkeit als ein großes Leid, ja, als die größte Schande, die eine Frau im alten Israel befallen konnte. Zu ihrer persönlichen Betrübnis kommt also noch, dass sie auch mit ihrer Umwelt im Unfrieden leben muss, wie die Sticheleien ihrer Nebenfrau Peninna deutlich genug zeigen. Bei der alljährlichen Wallfahrt wendet sie sich in ihrer Not an Gott. Sie geht allein in das heilige Zelt und klagt ihr Leid. Sie betet zunächst still, nur ihre Lippen bewegen sich. Und weil das stille Gebet damals anscheinend ungewöhnlich war, muss sie vom Priester Eli den Vorwurf der Trunkenheit hinnehmen. Aber nachdem sie ihr Leid auch ihm geklagt hat, da antwortete Eli und sprach: „Geh in Frieden! Der Gott Israels wird dir die Bitte erfüllen, die du an ihn gerichtet hast" (1Sam 1,17). Hierauf kehrt Hanna getröstet und aufgerichtet nach Hause, sie hatte nicht mehr ein so „trauriges Gesicht" (1,18).

Die Erzählung hat drei Teile: die Klage der Frau, den Zuspruch des Priesters und die frohe Heimkehr Hannas. Den drei Szenen der Handlung entsprechen drei existentielle Gestimmtheiten, drei Seelenhaltungen: die Not der Frau, das aus dem Glauben kommende Wort des Priesters und die Erfahrung des Trostes. Jede dieser Seelenhaltungen spricht sich in einer ihr gemäßen Sachgestalt aus. Das Gebet Hannas ist eine Klage: „Hanna war verzweifelt, betete zum Herrn und weinte sehr" (V. 10); „ich habe nur dem Herrn mein Herz ausgeschüttet" (V.15); „aus großem Kummer und aus Traurigkeit habe ich so lange geredet" (V. 16). Was sie in ihrem Herzen empfindet, das ist in ihr Wort eingegangen. Ihrem Wort ist es gelungen, das Leben ihrer Seele mit all dem aufgespeicherten Leid einzufangen.

Auch Eli, der Priester, drückt seine seelische Haltung in Worten aus. Aus der Erfahrung seines Glaubens heraus spricht er der Klagenden Friede und Hoffnung von Gott her zu. Sein Wort ist ein Zuspruch und eine Aufmunterung aus dem Glauben heraus; ist ein Verkündigungswort des Glaubens, das an einen einzelnen Beter gerichtet wurde. Er gibt gleichsam stellvertretend für Gott die Antwort auf die Klage Hannas. Das Wort der Frau muss so nicht im leeren Raum verhallen. Sie braucht ihr Gebet nicht als einen Monolog zu sprechen, sondern darf es kraft des Priesterwortes als Dialog erfahren.

Auch die gewandelte Situation der Frau hat ein Wort: Ihre Klage wird in Lobgesang verwandelt, wie das großartige Lied im zweiten Kapitel zeigt. Ihr frohes Angesicht und ihr Lied sind Ausdruck einer getrösteten Seele. Wie die Gebetsklage dem Leid entspricht, so der Lobpsalm der Zuversicht und der Freude. Das jeweilige Gebetswort ist von einer jeweils entsprechenden Erfahrung getragen. Die Erfahrung des Leides und des Trostes bleiben nicht stumm, sondern können sich aussprechen.

Die Erzählung vom Gebet der Hanna lässt uns die Entstehung der Klagepsalmen beobachten, die für die Bibel so charakteristisch sind. Bedeutsam ist zunächst, dass diese Gebete aus echten menschlichen Erlebnissen und aus echt empfundenen existentiellen Situationen entstanden sind. Bedeutsam ist aber auch, dass sie diese in eine zutreffende und sprachlich geprägte Form fassen. In den vielen Klagepsalmen sind uns zwar nicht mehr die Ereignisse, die ihre Entstehung bedingten, mitüberliefert, wohl aber ist an den Strukturen der Psalmen der Ablauf des Geschehens und die innere Struktur des Glaubensvorganges abzulesen. Wenn wir also auf die literarische Gestalt dieser Gebete achten, dann entdecken wir zugleich eine geistliche Struktur. Die innere Gliederung der Gebete entspricht einem Vorgang des Glaubens: dem Wandel von der Klage zum Lob, von der Verzweiflung zur Hoffnung, ja vom praktischen Unglauben oder Nicht-mehr-glauben-Können zum getrosten Glauben. Darauf hat Claus Westermann in dem großartigen Büchlein „Das Lob Gottes in den Psalmen“ (1968) hingewiesen. „Als ein Geschehen vom Menschen zu Gott hin ist jeder Psalm ein Ganzes. Von daher lässt sich seine Struktur erkennen, die Struktur eines lebendigen Vorgangs (a.a.O.. S. 117). Wir wollen nun diesen Beziehungen, die zwischen der existentiellen und der sprachlichen Struktur der Psalmen bestehen, nach den Darstellungen Westermanns nachgehen (a.a.O., S. 48 ff.).

Die Psalmen haben kein starres Schema, weisen aber doch eine innere, immer wiederkehrende Struktur auf, und diese liegt, wie wir oben sahen, mehr im Leben des Beters als in den Gesetzen der Literatur begründet. Der Psalm beginnt mit einer Anrede, in der sich der Beter an Gott wendet; oft ist diese Anrede ein Hilfeschrei. Ihr folgt die Klage: Der Beter schüttet sein Herz aus und beklagt die Situation, in der er ein Dreifaches heraushebt: die Feinde, die ihn bedrängen, seine eigene Einsamkeit und Verlassenheit und den Umstand, dass Gott ihm praktisch so ferne ist. Nach der Klage erfolgt aber nicht, wie wir erwarten möchten, gleich eine Bitte um Abwendung der Not, sondern ein Stimmungsumschwung: Der Beter bekennt plötzlich seine Zuversicht auf Gott oder spricht von der Gewissheit, dass Gott ihn hören wird, und erst nach dieser Wendung von der Klage zur Hoffnung bittet der Beter. Die Bitte entspricht gewöhnlich der umgekehrten Reihenfolge der Klage: dass Gott nahe sei, dass er den Beter rette und die Feinde vernichte. Manches Mal nennt der Beter auch Motive, warum Gott eingreifen möge. Der Psalm wird schließlich durch ein Lobgelübde abgeschlossen. Der Beter verspricht Gott seinen Dank und fängt damit schon am Ende des Klagepsalmes an, so dass mit einem Loben endet, was mit einer Klage begonnen hat. Wir sehen also, dass der Psalm den gleichen Weg durchläuft, den der Beter selbst – wie etwa Hanna – durchlaufen hat. Kein Psalm ist, bei aller gleichbleibenden Struktur, schematisch, doch könnte man den „typischen" Klagepsalm so darstellen:

Anrede:	Gott, höre mein Gebet!
Klage	
(über die Feinde):	Denn meine Feinde bedrängen mich,
(über sich selbst):	ich bin elend und verlassen,
(über Gott):	und du bist mir so ferne!
Zuversicht:	Ich aber will auf dich vertrauen.
Bitte	
(Gott):	Wende dich mir zu,
(ich):	rette mich
(Feinde):	und vernichte meine Feinde.
Lobgelübde:	Dann will ich dich loben und dir danken!

Das Heilswort und die Verwandlung der Klage

Das Bedeutsame an diesen Psalmen ist, dass wir es nicht nur mit Literatur zu tun haben, sondern mit dem Niederschlag von Erfahrung und mit dem Ausdruck einer echten Glaubensgeschichte. Diese Geschichte ist dadurch gekennzeichnet, dass sich in ihr etwas ereignet hat. Es ist eine Verwandlung eingetreten, die Geschichte des Glaubens hat einen Prozess durchlaufen (denken wir an Hanna): vom Leid zur Freude, von der Klage zum Lob, vom schwachen zum zuversichtlichen Glauben. Erregender als die literarische Struktur der Texte ist demnach die dahinterstehende Glaubensgeschichte mit ihrem tatsächlichen Schicksal und Wandel. Wie aber ist diese Verwandlung zustande gekommen? Was vermochte aus dem Leid ein Lob, was aus „Stroh Gold zu spinnen"?

Auch hierauf weiß die Exegese des Alten Testaments eine Antwort. Man kann sie in der Hannageschichte nachlesen und muss sie in den Psalmen rekonstruieren: Es war offensichtlich so, dass die Beter ihre Klage selbst im heiligen Zelt „vor Jahwe", am Kultort also, laut vorgetragen haben. Die Priester, die dort den Dienst versahen, hörten auf die Gebete der Klagenden und sprachen ihnen ganz offiziell von Gott her ein Trostwort zu. Dieses Heilswort (oder Heilsorakel, wie es in der Fachsprache heißt) begann mit jenen Wendungen, die uns aus der Bibel so vertraut sind: „Der Friede sei mit dir! Fürchte dich nicht! Der Herr hat dein Gebet erhört! Gott wendet sich dir zu! Der Herr wird dir gewähren, was du von ihm erbittest!“ usw. Die Fülle dieser oder ähnlicher Wendungen verrät uns, dass für den alttestamentlichen Gottesdienst der Zuspruch des Heilsorakels an den Beter eine gebräuchliche Sache war. Das mag zunächst verwundern, aber man denke nur an das Bußsakrament: Auch hier klagt ein Einzelner sein Leid, seine Sünden zu Gott; auch hier hört ihm ein Priester zu und spricht ihm ganz offiziell ein Trost- und Heilswort zu. Und wenn der Büßer dann nach Hause geht, dann hat er nicht mehr ein so „trauriges Gesicht“. Seine Verwandlung von einem Büßenden zu einem Lobenden ist durch ein Heilswort geschehen. Auch dieses Heilswort redet sehr bestimmt davon, dass Gott den Beter erhört und ihm das Erbetene, die Verzeihung der Schuld, gewährt hat.

Die Klagepsalmen offenbaren uns also den Weg, wie die Verkündigung Zugang zur Glaubensgeschichte des einzelnen Menschen gewinnt und sie verändern kann. Niedergeschlagen hat sich dieser Existenzumschwung im Text der Psalmen: „Innerhalb dieser Psalmen ist etwas Entscheidendes geschehen; etwas, was das Reden des hier Redenden verwandelt. Dieser Wandel wird in den betreffenden Psalmen bezeugt“ (Westermann, a.a.O., S.51). Wenn nur der Beter einen solchen Psalm nachspricht, so besteht die Hoffnung, dass er nicht nur Texte wiederholt, sondern sich betend in dieses existentielle Geschehen mit einlässt, dass er also nachvollziehend den Weg der ersten Beters zu seinem eigenen macht. Der Text des Psalmes ist jenes Geländer, an dem der Beter sich von Stufe zu Stufe einer Glaubensgeschichte leiten lässt. Er betet zwar einen Text, vollzieht aber die Geschichte eines Glaubens. Der Psalm wird einerseits rückübersetzt in die ursprüngliche

Wirklichkeit und andererseits werden die Erlebnisse und Abläufe des eigenen Glaubens widergespiegelt.

Wenn wir daher in aller Kürze die Struktur der Klagepsalmen betrachtet haben, wollen wir nun deren einzelne Momente untersuchen und uns fragen, wie sie in eine heutige Sprachgestalt gebracht werden können.

Die Klage

Die Klage ist eine ursprüngliche Weise menschlichen Existierens. Wer in Not und Leid leben muss, kann von seinem Schicksal so erdrückt werden, dass er darunter verstummt. Er kann aber auch ausbrechen, die Last, die auf ihm liegt, wegschieben und klagend sein Leid herausschreien. Er durchbricht dann nicht nur den Bann und die Last seines Schicksals, sondern auch seiner Einsamkeit. Denn klagend wendet sich der Mensch immer an einen Zuhörer; ich klage jemandem mein Leid. Greifbar ist das, wenn der Klagende mit einem wirklichen Menschen reden kann, wenn er einen hat, der ihm zuhört. Es gilt aber auch dann, wenn der Mensch einfach klagt, in einem monologischen Aufschrei sich befreien will, denn auch hier klagt er im weiten Horizont der Mitmenschen und mit der oft unbewussten Hoffnung, dass ihn doch einer hören werde.

Die Klage ist zunächst keine Bitte. Die Bitte hat einen konkreten Gegenstand; man bittet um dieses oder jenes. Der Klagende will zunächst nur, dass man ihm zuhöre und ihn so wenigstens ernst nehme und bejahe. Die Klage will nicht ein Etwas, sondern hält Ausschau nach einem Jemand. In der Klage wendet sich der Mensch mit der

Hoffnung an einen Mitmenschen, dass dieser nicht nur sein Anliegen, sondern ihn selbst wahrnehmen möge. Der Klagende will gehört werden; es wäre ihm zu wenig, wenn nur seine Wünsche erfüllt würden. Der Bittende will Hilfe; der Klagende sucht einen Menschen, der ihn anhört und annimmt und gerade dadurch aus seiner Not und Einsamkeit befreit.

Die Psalmen sind Klagelieder und keine Bittgebete. Sie unterscheiden sich dadurch stark von unseren Gebetsgewohnheiten. „Wir verstehen unter einem Bittgebet (Tautologie!) weithin die Aneinanderreihung mehrerer Bitten. Das gibt es in den Psalmen überhaupt nicht. Es kommt (selten) vor, dass einem Psalm eine einzelne Bitte um etwas (so z. B. Fürbitte für den König) angefügt wird; ein aus mehreren Bitten summiertes Bittgebet gibt es niemals" (Westermann, a. a. O., S. 27).

Die Klagen der Psalmen beziehen sich nicht auf Gegenstände, sondern auf Personen. Der Beter spricht sein bedrängtes Geschick in der Relation zu seiner Mitwelt aus. Ja, sein Schicksal wird eben darin als ein bedrängtes und leidvolles erfahren, dass in ihm diese Beziehung zu den Mitmenschen gestört erscheint. Wir erfahren höchst selten, wie das eigentliche Leid oder die eigentliche Lage des Beters ist, ob er krank, verarmt, verstoßen oder dergleichen ist. Wir erfahren aber immer, dass er sich einsam und verlassen weiß. Seine Beziehung zur Mitwelt ist gestört und das heißt im Weiteren, dass seine Mitmenschen zu Feinden geworden sind. Wir müssen das Wort „Feinde" eher als einen stereotypen denn als einen konkret beschreibenden Ausdruck ansehen. Gewiss, manchmal klagt der Beter über persönliche Feinde, die ihm nach dem Recht oder Leben trachten. Den Mitmenschen als „Feind" bezeichnen meint aber für den Klagenden in erster Linie: Meine Geborgenheit in der Umwelt ist gebrochen; ich bin von den Mitmenschen nicht mehr getragen und nicht mehr in die Gemeinschaft aufgenommen; mein Leben ist von keinen Freunden mehr gehalten. Das Leid isoliert den Beter und macht ihn einsam. „Feind" ist damit das Korrelat zur „Einsamkeit", denn diese ist das Fehlen von Menschen. Wir können daher das Anliegen der Psalmen, das, gerade was die Bezeichnung von „Feind", „Feindeshass" und „Feindesklage" angeht, vielfach formelhaft ist, am ehesten verstehen, wenn wir diese Klage über den Feind als Klage über die zerbrochene Mitmenschlichkeit erkennen. Und das steht so im Vordergrund, dass wir darüber hinaus kaum etwas über die äußere, beschreibbare Lage des Klagenden erfahren. Der Klagende erfährt sein Leid gerade im Fehlen von Mitmenschlichkeit – und in diesem Mangel wird ihm erschreckend inne, dass ihm auch Gott ferne ist.

Die dritte Klage – die Klage zu Gott hin – steht nicht neben den beiden anderen (Einsamkeit und Feinde), sondern ist deren Vertiefung. Weil der Beter von keinen Freunden mehr umgeben ist, weil er Leid und Einsamkeit in dieser Welt ertragen muss, darum wähnt er sich auch von Gott verlassen. Er erfährt und interpretiert seine Vereinsamung als eine Abwesenheit Gottes. Er klagt nicht aus einem theoretischen Atheismus, sondern aus einer konkreten Bedrängnis heraus. Sein Gottesproblem ist nicht die Frage, ob es Gott überhaupt gibt, sondern wo er für ihn zu treffen sei. Die brüchig gewordene Geborgenheit in der Mitwelt offenbart sich ihm zugleich als gestörte Beziehung zu Gott. Seine Lebensprobleme werden zu praktischen Glaubensproblemen. Allerdings verzweifelt gerade der nicht, der noch zu Gott schreien und fragen kann, warum er fern sei. Denn er bringt damit seine Glaubensnot zur Sprache und wendet sich damit selbst auf Gott hin. Die Klage erscheint so tatsächlich als die ursprünglichste Art, wie der Mensch die Not seines Lebens in ihrer ganzen Tiefe auslotet und aus ihr in einen Schrei der Hoffnung ausbrechen will.

In diesem Ineinander von Lebensnot und Glaubensnot liegt die große Bedeutung der Klagepsalmen für die heutigen Menschen. Auch für sie ist das Gottesproblem nicht primär ein Problem des Denkens, sondern der Erfahrung. Nicht die theoretische Möglichkeit oder Unmöglichkeit der Existenz Gottes, sondern die faktische Gottlosigkeit, die „Gottesfinsternis", wie Martin Buber sagt, macht die allgemeine Glaubensbedrängnis unserer Zeitgenossen aus – und darin ist der heutige Mensch dem Gottesproblem der Bibel sehr nahe. Auch unsere Zeitgenossen fragen Gott, wo er angesichts des unendlichen Leidens in der Welt sei. „Sie empfinden die Heillosigkeit unserer Welt und ihre eigene Unsicherheit nicht als Folge aufweisbarer Sünden, sondern als Schweigen Gottes" (Klaus Meyer zu Uptrup, Gestalthomiletik, Stuttgart 1986, S.15). Das zeigt uns wieder sehr deutlich die Verbindung zwischen Gebet und Glaubensleben. Unsere liturgischen Gebete müssten die bewusste oder unbewusste Klage über die Abwesenheit Gottes in der Welt zur Sprache bringen. Unsere Orationen müssten also die Form der Klagepsalmen haben, sie müssten selbst Klagepsalmen sein! Denn die Frage nach der Glaubensmöglichkeit heute verweist auf jenes existentielle Geschehen, das, wollte man es in einen sprachlichen Vollzug umsetzen, von der Sache her einen Klagepsalm ergeben muss.

Fragen wir nun: Wie sollen Gegenstand und Sprache der Klagegebete heute beschaffen sein? – Der Gegenstand der Klagen und damit der erste Inhalt der Gebete hat das Leben der Menschen zu sein. Es geht nicht um den „religiösen Bereich“, auch nicht um allgemein Menschliches, das in abstrakter Darstellung eine Immergültigkeit beanspruchen könnte, sondern um die Probleme des Lebens, wie die Menschen sie heute erfahren. Schon dieser Grund erhellt, dass die Gebete um der Aktualität willen ständig im schöpferischen Fluss gehalten werden müssen. Die Klage hat das Leben und jene Probleme in Worte zu fassen, über die die Menschen selbst klagen wollen.

Das Heilswort

In den Klagepsalmen erfolgt ein Umschlag von der Klage zum Lob, der sich am Heilswort und Zuspruch des Priesters entzündet: „Fürchte dich nicht! Habe Mut! Glaube nur! Der Herr ist mit dir! Der Herr hat dich gehört! Geh hin in Frieden!“ Wenn ein Mensch einem anderen sein Leid klagt, wird er oft mit solchen heilenden Worten getröstet, wie sie in der Alltagssprache eben verwendet werden. Schreiben wir unser Leid in Klagepsalmen nieder, dann können Worte des Heiles, die wir von der Bibel her kennen, so einfließen, dass sie den Gang des Gebetes verändern: „Du aber hast gesagt …“

Das Wort des diensttuenden Priesters: „Fürchte dich nicht, der Herr ist ja bei dir“ zählt als Wort Gottes zu den Urworten der Bibel. Die Engel grüßen in den Vätererzählungen die Menschen: „Fürchte dich nicht, der Herr ist mit dir.“ Die Propheten treten mit dem gleichen Gottesspruch an die Menschen heran, und vor allem der zweite Jesaja baut seine ganze Trostbotschaft im Exil auf diesen Zuspruch Gottes auf: „Gehst du durchs Wasser, gehst du durchs Feuer, fürchte dich nicht, ich bin bei dir“ (vgl. Jes 43,2–5).

Das Heilswort des Alten Testaments wird in den Briefen des Neuen Testaments zu einem Gruß, von dem auch unsere Liturgie lebt. Folgerichtig müsste man darum das „Dominus vobiscum“ übersetzen: der Herr *ist* mit euch. Im englischen Gruß „Good bye“ haben wir eine Verformung des ursprünglichen „God be with you“ vor uns, das auch in unserem „Grüß Gott!“ noch mitschwingt. In der Liturgie lateinamerikanischer Basisgemeinden grüßt der Priester: „Der Herr ist mit euch!“, und die Gemeinde antwortet: „Ja, er ist mit uns!“

Zuversicht und Lob

Die große Wende von der Klage zum Lob wird durch das Heilswort gewirkt, das der Priester von Gott her dem Beter sagen darf. Das Gebet ist also ein echter Dialog zwischen Gott und Mensch. Der Inhalt der Heilszusage ist dabei denkbar einfach und kann in aller Kürze zusammengefasst lauten: „Gott ist mit dir, er hat dein Klagen gehört!“ An diese Zusage klammert sich der Beter. Sein

Flehen wird von einer Gewissheit getragen, die ihn über alles Leid und alle Verzweiflung hinaushebt: „Gott ist mit dir, er hat deine Klage gehört!“ An diese Zusage klammert sich der Beter. Sein Flehen wird von einer Gewissheit getragen, die ihn über alles Leid und alle Verzweiflung hinaushebt: Wenn Gott bei mir ist und mein Flehen gehört hat, dann ist eigentlich die größte Wende bereits eingetreten. Denn dann wird er auch mein Schicksal wenden. Ja, eigentlich ist mein Schicksal schon geändert, weil ich mich von ihm nun nicht mehr verlassen, sondern getragen weiß. Das, was den Beter zutiefst verwandelt, ist also die Erfahrung der Nähe Gottes. Er weiß sich nicht mehr allein, sondern getragen und geborgen.

Die Wende drückt sich in den Psalmen durch das Wörtlein „aber“ aus: Es kann in der Anrede an Gott auftreten. „Aber du bist heilig ... Du bist heilig ... Du aber bist voll Erbarmen ... Du aber bist mir nahe ... Du aber bist der Schild um mich ...“ Es kann sich aber auch im Ich des Beters finden: „Aber ich – auf deine Gnade traue ich ... aber ich – ständig bin ich bei dir ... aber ich – dauernd will ich harren ...“ (Westermann, a.a.O., S. 52). Mit diesem „aber“ setzt sich der Beter der Klage und Verzweiflung entgegen. Dieses „aber“ ist im Geschehen zwischen Gott und Mensch die Behauptung aus einer Glaubensgewissheit heraus, die Aufrichtung des Menschen aus der Klage und seine zuversichtliche Hinwendung zur Zukunft. Die Wende, die sich damit im Gebet anzeigt, kann an verschiedenen Stellen des Psalms stehen: nach der Klage, vor dem Lobgelübde, nach der Bitte, ja sogar innerhalb der Klage, immer aber ist sie auch Ausdruck der Wende im existentiellen Glaubensprozess.

Das Bedeutsame an dieser Wende liegt darin, dass sie sich ereignet, während das Leid des Beters noch andauert. Das Lob wird gewagt, die Zuversicht keimt auf, während der Grund zur Klage scheinbar noch gegeben ist. Die Änderung geschieht also nicht auf der Ebene der Fakten, sondern auf der Ebene des inneren Einvernehmens mit Gott. „Das Leid, das der Betende eben klagte, um dessen Fortnahme er eben Gott anflehte, besteht noch. Es ist während des Betens dieser Psalmen kein Mirakel geschehen. Aber es ist das andere geschehen: Gott hat gehört, Gott hat sich ihm zugeneigt, Gott hat sich seiner erbarmt. ... Damit ist das Entscheidende geschehen. Das noch Ausstehende, die Wende der Not, muss nun notwendig folgen. Darum kann sie jetzt schon als behoben bekannt werden" (Westermann, a.a.O., S. 59).

Die Gewissheit der Erhörung, die Zuversicht wegen der Zukunft seines Geschickes, das er nun in Gottes Hand geborgen weiß, treibt den Beter zum Lob. Es gibt keine alttestamentlichen Psalmen, die bei der Bitte oder Klage verbleiben. Alle reichen über die Klage hinaus in die Zuversicht, und viele von ihnen schlagen geradezu in Lobpsalmen um. Bei diesen kann man also streng genommen gar nicht mehr von reinen Klagepsalmen sprechen; sie sind zum Lob verwandelte Klagen. Und nochmals sei es gesagt: Das Loben bricht auf, während das Leid noch fortbesteht, es ist ein Zeugnis des Glaubens, der die Wirklichkeit innerlich bereits stark verändert hat. Es ist ein Lob aus der Tiefe und Nacht des Leidens, „ein starkes Zeugnis für die Erfahrung des Eingreifen Gottes, das im Klagenden, während sein Leid materiell noch besteht, das jubelnde Lob Gottes zu wecken vermag, der den Flehenden gehört und sich zu ihm geneigt hat“ (Westermann, a.a.O., S. 60). Diese Psalmen sind einerseits von einem Realismus der Welt und ihrer Lebensbedingungen, andererseits aber von einem noch größeren Realismus der Erfahrung Gottes getragen und geprägt.

Diese Psalmen enden gewöhnlich in einem Loben oder im Versprechen an Gott, ihn loben zu wollen. Man nennt dies das „Lobgelübde“, das seinen Ursprung im Opfergelübde der Gottesdienste hat. Es ist der Ausdruck dafür, dass das Loben nicht nur eine Stimmung der Freude ist, sondern das Festhalten an der gewandelten Existenz. Es ist ein Versprechen des Glaubens und ein Ausdruck der Treue. „Wer wirklich aus der Tiefe zu Gott schreit und wer in diesem Schreien nicht seine Not, sondern Gott meint (vgl. die Zweiheit der Bitte: Höre! – Rette mich!), weiß, dass das Moment des Gelobens, des Versprechens zu solchen Schreien gehört. Ich weiß dann, dass es mit meinem Bitten und Gottes Erhören nicht getan ist, sondern dass dann noch etwas kommen muss. Ich weiß, dass ich dann Gott etwas schulde. Es ist völlig falsch, hier von einem Handel, einem abschätzigen „do ut des“ zu sprechen. Im Gegenteil: Durch das Versprechen, das ich mit meiner Bitte verbinde, bekommt sie gerade erst Gewicht und Würde. Ich weiß: Mit dem Versprechen, das ich der Bitte anfüge, beginnt eine Geschichte zwischen mir und Gott“ (Westermann, a.a.O., S. 58).

Klage und Zuspruch heute

Urworte der Menschheit

Dreitausend Jahre trennen uns von der Geschichte Hannas. Vielleicht mag es schon viele Jahrhunderte zuvor den Brauch an den Wallfahrtsorten des Vorderen Orients gegeben haben, dass zuhörende Priester auf die Klagenden warteten, um ihnen ein Wort des Mutes im Namen ihres Gottes zu sagen. Möglicherweise ist dieses Ritual ein Gemeingut der Menschheit, das es in verschiedensten Formen zu entdecken gilt. Man denke nur an die katholische Beichtpraxis mit ihrem Beicht*stuhl:* Auch dort wartet immer noch ein diensttuender Priester auf Menschen, die ihr Herz vor ihm ausschütten wollen; was er ihnen sagt, ist letztlich das Wort der Sündenvergebung als Gottes Wort. An unseren großen Wallfahrtsorten ist besonders deutlich zu spüren, dass die Beichte für viele Pilger die große Hoffnung darstellt, sich endlich einmal die bedrückenden Lasten von der Seele zu sprechen. Die Entwicklung vom Beichtstuhl zum Beichtzimmer und zum Beichtgespräch zeigt überdies deutlich, dass es nicht nur um eine Anklage der Sünden wegen geht, sondern um die Möglichkeit des Klagens überhaupt: Sein Herz auszuschütten und Rat, ermutigende Hilfe und ein Heilswort von Gott zu erhalten.

Was in der Beichtpraxis ein liturgisches Ritual ist, findet sich im Alltag der Menschen ebenfalls. Einem Schwerkranken oder einem Sterbenden hilft oft nur die in Worten oder stummer Gerechtigkeit versicherte Zusage. „Hab keine Angst, denn ich bin bei dir!“ Freunde und Liebende nehmen voneinander die Angst, indem sie sich gegenseitig ihrer Nähe versichern. Vor allem aber brauchen die Kinder die Hilfe der Erwachsenen, die ihnen die Angst nimmt und das Urvertrauen stiftet. Die allabendliche Prozedur des Schlafengehens erscheint auf diesem Hintergrund in einem neuen Licht und wird zu einem wichtigen Ritual.

Der Ritus des Schlafengehens

Das Schlafengehen ist für die Kinder ein tägliches Erlebnis von tiefenpsychologisch großer Tragweite. Durch die Finsternis der Nacht tritt das Kind aus dem angstfreien hellen Licht in das Ungewisse und Unheimliche. Durch den Schlaf wird es von den Mitmenschen abgesondert und ist sich selbst überlassen. Jedes Einschlafen ist darum eine Probe aufs Exempel, ob das Kind sich angstfrei den Armen des Schlafes überlassen kann oder aus Angst vor dem Sich-selbst-überlassen-Sein gegen den Schlaf ankämpft. Das Kind ruft in dieser abendlichen Situation nach der Mutter. Jeder, der einige Erfahrung mit Kindern hat, staunt über den Reichtum an Fantasie, wenn es gilt, das Schlafengehen hinauszuzögern, die Erwachsenen wieder ans Bett zu rufen oder unter irgendeinem Vorwand wieder in ihre Mitte zurückzukehren. All diese Versuche sind in dem einen Ruf an die Mutter am typischsten zusammengefasst: „Bleib bei mir!"

Aufschlussreich ist auch das Verhalten der Mutter, die dem Kind hilft, die Brücke vom Tag in die Nacht und von der Gemeinschaft in die Einsamkeit zu überqueren. Sie sichert dem Kind mit Vertrauen schaffenden Worten die Nähe zu: „Fürchte dich nicht, ich bin ja bei dir! Ich lasse das Licht brennen. Ich lasse die Tür einen Spalt weit offen. Ich bin im Nebenzimmer." Schließlich setzt sich die Mutter auf das Bett des Kindes, steckt ihm die Bettdecke rund um den Körper, so dass das Kind ganz eingehüllt und geborgen ist. Durch den Gutenachtkuss verspürt das Kind mit Wärme und Feuchtigkeit den Kontakt und die Nähe zur Mutter.

Man kann die Prozedur des täglichen Schlafengehens als einen Ritus bezeichnen, dessen Aufgabe es ist, Angst zu überwinden. Man kann ihn auch als einen Lernprozess der Angstbewältigung durch positive Verstärker bezeichnen. Das Ziel dieses Lernprozesses ist es, dass das Kind sich vor der Einsamkeit nicht mehr fürchtet, weil es sich trotz des Alleinseins nicht alleingelassen weiß. Man könnte dies den ersten großen Schritt zum Vertrauen hin bezeichnen, wenn Kinder angstfrei schlafen gehen, sich fallen lassen, weil sie sich trotz Abwesenheit der Eltern von ihnen getragen wissen. Freilich ist die Aufgabe der Angstbewältigung nicht mit dem Ritus des Schlafengehens allein geleistet. Aber an ihm wird deutlich sichtbar, worum es in vielen anderen unscheinbaren Aktionen geht. Dieser Ritus ist gleichsam das Symbol eines ganzen Lebensabschnittes.

Klagepsalmen und Therapieverlauf

Bevor die Psychotherapie die Angelegenheit der Psychologie wurde, hatte sie immer schon ihren Platz innerhalb der Religionen. Denn diese vermitteln dem Menschen auf vielfache Weise Heil und Heilung. Ein unübersehbares Zeugnis dafür sind im Alten Testament die Klagepsalmen, in denen sich Menschen aus vielfacher Not vertrauend an ihren Gott wenden und von ihm auch Hilfe bekommen.

Es ist nicht zu verkennen, dass die Abschnitte des Klagepsalmes denen des therapeutischen Prozesses weitgehend entsprechen. Zwar gibt es verschiedene psychotherapeutische Richtungen, dennoch dürfte der Prozess, der in der menschlichen Psyche abläuft, weitgehend denselben Weg nehmen. Wenn es im Klagepsalm und in der Therapie um die Aufrichtung und Heilung eines niedergedrückten und vom Leid verschütteten Menschen geht, dann ist es in der Tat nicht verwunderlich, dass die Prozessabläufe so ähnlich sind. Mit seinem „Bitte, helfen sie mir!" wendet sich der Klient an den Therapeuten und der Beter an Gott. Dann geht es darum, dass der so Sprechende Vertrauen gewinnt und sein Klagen zu fließen beginnt. Er darf die Masken ablegen, mit denen er sich sonst vor der Gesellschaft schützt, und seine erstarrten Haltungen tauen auf. Er bekommt Kontakt zu den wirklichen Vorgängen seiner Seele und vermag sie immer treffender zu äußern. Es ergibt sich die interessante Parallele, dass der klagende Patient wie der klagende Beter bei seinen „Feinden" beginnt: Er lastet zunächst alle Schuld an seinem Missgeschick seinen Mitmenschen an. Erst allmählich beginnt er diese Projektion zurückzunehmen und den Balken in seinen Augen zu entdecken. Nun erst ist es ihm endgültig möglich, seine wirkliche Situation durchzuarbeiten. Und es wird kaum einen Klienten geben, der sich in der Einmaligkeit seines Leidens nicht auch zugleich in der Einsamkeit seines Schicksals gefangen weiß.

Die unerbittliche Frage nach Sinn oder Unsinn von Leid führt wohl viele Patienten zur Frage nach dem Sinn des Lebens überhaupt. Es ist zu begrüßen, dass viele Therapeuten heute ihre reservierte Haltung gegenüber der Sinnfrage und damit gegenüber der Religion überhaupt aufgeben und den so „um Gott" Klagenden in seinem Sinn zu unterstützen. Wie der klagende Beter dem klagenden Patienten ähnlich ist, so besteht die Ähnlichkeit zwischen der Haltung des Therapeuten und jener des zuhörenden „Priesters". In der Gesprächstherapie wird der Klient vorbehaltlos bejaht, er fühlt sich verstanden und ist mit menschlicher Wärme umgeben. Ja, der Zuhörende scheint die Tiefe seines Leides besser als er selbst zu verstehen und formulieren zu können. In der analytischen Therapie stellt sich der Therapeut rückhaltlos als zuhörender Partner zur Verfügung und nimmt alle Projektionen auf sich, die sich der Patient von der Seele redet.

In der Gestalttherapie hat der Therapeut die Aufgabe, alle Äußerungen des Klienten als nicht zufällig und darum als wichtig zu nehmen. Sie bekommen als Figuren auf dem Lebenshintergrund dieses Menschen jenes Gewicht, das dem Leben und Leiden des Klienten inne wohnt. Ob in Worten ausgesprochen, in Bildern fantasiert, in Zeichnungen, Spiel oder Tanz ausgedrückt – alles ist Offenbarung der einmaligen Seelentiefe dieses Menschen. Und indem der Patient dies selbst zu sehen lernt, lernt er auch, dieses Material aus seiner Tiefe zu bearbeiten und zu verändern.

Wenn der Patient geheilt die Therapie verlässt, dann hat nicht nur der Therapeut sein Leiden verändert, sondern dieser hat ihm geholfen, es selbst zu verändern. Er hat ihm keine Ratschläge erteilt und schon gar nichts unternommen (wie könnte er auch!), die reale Außenwelt des Patienten zu verändern. Eines aber hat er gewiss getan, er hat dem Leidgeprüften die Gewissheit vermittelt: „Du bist in deinem Leiden nicht allein. Wenigstens jetzt ist jemand bei dir, nämlich ich. Wenn dich auch niemand versteht, überprüfe selbst, ob du dich nicht von mir verstanden fühlst. Wenn niemand an dich glaubt, dann zeige ich dir durch mein bedingungsloses Akzeptieren, Zuhören und menschlich warmes Verstehen, dass ich noch an die guten Möglichkeiten in dir glaube!" Geschieht die Therapie in einer Gruppe, dann wird diese Zusicherung von menschlicher Nähe nicht nur von einem einzelnen Therapeuten gegeben, sondern von der ganzen Gruppe.

Das „Heilswort", das der Therapeut dem Patienten sprechend oder schweigend zu verstehen gibt, lautet: „Fürchte dich nicht, ich bin bei dir!" Ist der Therapeut ein gläubiger Mensch, so verkörpert er allein schon durch seinen Glauben die Gewissheit, dass nicht nur er, sondern gerade Gott den Klagenden bedingungslos akzeptiert. Von daher ist es nur noch ein Schritt, diese Heilsgeschichte auch durch Worte, Gebärden und gemeinsames Gebet auszudrücken. Wenn die Kirche das Heil nicht nur erwartet, sondern auch erwirkt, dann haben alle ihre heilsamen und heilbringenden Begegnungen diesen therapeutischen Charakter, der sich gleicherweise im Verlauf der Klagepsalmen wie des Therapieprozesses ausdrückt. Und es ist nur zu hoffen, dass der Patient weggeht und sein Gesicht nicht mehr so traurig ist wie früher. Und weiter, dass er Gott lobt, indem er seinen Mitmenschen erzählt, dass Gott ihn durch diesen oder jenen Menschen heil gemacht hat. Die Veränderung geschah im Menschen, und der so Veränderte kann nun seine Situation verändern.

Aber nicht nur er, der durch eine Psychotherapie geschult ist, kann im (Religions-) Unterricht helfen und heilen, er kann dies auch an den Klagepsalmen und am Beispiel Jesu lernen. Solche Hilfe widerfährt dem Schüler aber nicht nur durch die Zuwendung des Religionslehrers, sondern ebenso durch die Hinwendung zum biblischen Text. Wer nämlich Klagepsalmen betet, lässt sich auf die beschriebene Bewegung von der Not zum Heil ein. Und wer sich um Hilfe an Jesus wendet, erfährt an sich die Verwandlung, die er verheißt. Im Unterricht kann also auch durch den „Lernstoff" Heilung vermittelt werden, wenn die biblischen Zeugnisse von der hilfreichen Nähe Gottes erlebnisgerecht und lebensgesättigt vermittelt werden. Unsere Gestaltkurse sind über längere Zeit hin Klagepsalmen mit viel Heilserfahrung.

Übungen zu den Psalmen

Sich einen Psalm aneignen

Das Ich eines Psalms war ursprünglich eine bestimmte Person. Wenn wir heute einen Psalm beten, dann erlauben wir uns wie selbstverständlich, das Ich des Psalmenbeters zu unserem eigenen Ich zu machen und uns mit ihm zu identifizieren, wobei die Worte und Inhalte des

Gebetes mit unserer Erfahrung gefüllt und mit unseren Assoziationen gefärbt werden. Was jeder Beter bei der Übernahme eines Psalms halb bewusst persönlich einfärbt, kann man jemand bewusst machen, indem er einen Psalm sprachlich bearbeitet und so zu seinem eigenen persönlichen Psalm macht. Allein wenn man das Wort „Feinde" durch das Wort „Probleme" ersetzt und noch weitere kleine Änderungen vollzieht, entsteht, wie gleich am Psalm 3 gezeigt wird, ein sehr zeitgemäßes Gebet:

Herr wie zahlreich sind meine Probleme,
so viele stehen gegen mich auf.
Viele Stimmen gibt es in mir, die sagen:
„Du findest keine Hilfe bei Gott."
Du aber Herr bist ein Schutz für mich,
du gibst mir Selbstbewusstsein und richtest mich auf.
Ich habe laut zum Herrn gerufen;
da spürte ich, dass er mich hörte.
So leg ich mich ruhig nieder und schlafe ein,
denn er, mein Gott, beschützt mich.
Und werde ich auch von tausend Problemen bedrängt,
ich brauche sie nicht zu fürchten!

„Ich" in der Bibel

Viele biblischen Rettungsgeschichten haben die Struktur des Klage-, bzw. Rettungspsalms mit seinen drei charakteristischen Strophen:

1. „Ich … „ = die Ausbreitung der Not in der Klage.

2. „Du aber … „ = die Hinwendung zu Gott, die ihn als hilfreich beschreibt.
3. „Darum, Herr … „ = die Folgerung aus dieser Zuversicht als Bitte an Gott oder als Lobpreis.

Die einfachste Form der Identifikation mit einer biblischen Gestalt ist darum die *Umschreibung* eines Textes von der Er- bzw. Sie-Form in die Ich-Form. Zum Beispiel die Geschichte von der Rettung Hagars in der Wüste, wörtlich in schöner Schrift von der Bibel abgeschrieben – nur mit dem einen Unterschied, dass überall dort, wo von dieser Frau die Rede ist, die Pronomina „ich“ statt „sie“, „mich“ statt „sie“ usw. verwendet werden:

Ich zog fort
und irrte in der Wüste umher.
Als das Wasser im Schlauch zu Ende war,
warf ich das Kind unter einen Strauch,
ging weg und setzte mich in der Nähe hin,
etwa einen Bogenschuss weit entfernt;
denn ich sagte:
Ich kann nicht mit ansehen,
wie das Kind stirbt.
Ich saß in der Nähe und weinte laut.
Gott hörte den Knaben schreien;
da rief der Engel Gottes vom Himmel her zu mir
und sprach:
Was hast du, Elisabeth (oder Thomas, …)?
Fürchte dich nicht,
Gott hat den Knaben dort schreien gehört, wo er liegt.

Steh auf, nimm den Knaben,
und halte ihn fest an deiner Hand!
Gott öffnete mir die Augen,
und ich erblickte einen Brunnen.
Ich ging hin,
füllte den Schlauch mit Wasser
und gab dem Knaben zu trinken.
(vgl. Gen 21,14–19)

Wenn dann dieser neue, auf das persönliche Ich umgeschriebene Text z. B. in einer Gruppe von jedem Schüler oder von jeder Teilnehmerin murmelnd gelesen oder laut vorgetragen wird, dann klingt in jedem an, was ihn selber betrifft.

Gott einen Brief schreiben

Es bereitet wenig Schwierigkeiten, eine Gruppe anzuleiten, sehr persönliche und durchaus schöpferische Klagepsalmen zu schreiben, wenn man in den Teilnehmern die Vorstellung weckt, dass sie Gott einen Brief schreiben können. Auch dieser Brief wird die drei charakteristischen Teile eines Klagepsalms beinhalten, was so vermittelt werden kann:

1. Du kannst dir alles von der Seele schreiben, Gott erzählen, was dein Herz bedrückt.
2. Wenn du dein Herz vor ihm ausgeschüttet hast, dann denk an Gott, indem du dich daran erinnerst, wie er einmal jemandem in der Bibel geholfen hat und erin-

nere ihn daran: Du aber, mein Gott, hast damals den Daniel aus der Löwengrube gerettet; du aber Jesus, hast die gekrümmte Frau aufgerichtet …

3. Aus der Erinnerung an Gott fließt auch unser Gebet. Unsere Bitte an ihn: Darum rette auch mich, richte auch mich auf, damit …

Die Erzählung in der Ichform als Glaubensbekenntnis

Man kann eine einzelne biblische Perikope wählen oder eine biblische Person, von der in mehreren Perikopen erzählt wird (z. B. Abraham), und eine freie Nacherzählung verfassen, die ebenfalls in der Ichform niedergeschrieben wird. Wichtig dabei ist, dass der erste Satz zugleich Überschrift und Identifizierung ist und sofort auf das Blatt geschrieben und unterstrichen wird. Beispiele: Ich bin Abraham auf der Wanderung … Ich bin die gekrümmte Frau in der Synagoge …

Auch solche Nacherzählungen verlangen wie eine musikalische Partitur nach „Aufführung“, das heißt nach einer Transformation und damit einer Steigerung des nur geschriebenen Wortes zur gesprochenen Sprache. Wer seine Nacherzählung laut vorliest, wird selbst spüren, dass sie im Rahmen der biblischen Gestalt viele persönliche Anteile beinhaltet und dadurch sowohl als biblisches wie auch persönliches Glaubensbekenntnis verstanden werden kann.

Auf der Grundlage dieser Ich-Identifizierung kann nun sehr kreativ weitergearbeitet werden: Die Gruppenleitung kann die Teilnehmer in ein Gespräch verwickeln: „Wenn du Abraham bist, kannst du mir dann auch sagen, woher du kommst und warum du von zu Hause fortgezogen bist?“ Die Identifizierung bringt den Einzelnen dazu, sich in die gewählte Person hineinzuversetzen, was viel von seinen gehörten Informationen und Eindrücken mobilisiert, so seine Erinnerungskraft steigert und sein Wissen erweitert.

Das Bild in einen Psalm verwandeln

Statt von einem Text kann man aber auch unmittelbar von einem Kunstwerk ausgehen und dieses in einen persönlichen Psalm verwandeln. Dabei achte man genau darauf, dass man in den beiden Strophen „Ich“ bzw. „Du aber ...“ (s.o.) mit einer genauen Bildbeschreibung beginne, in der der Psalmbeter zunächst das genau in Worte umsetzt, was seine Augen sehen, um erst allmählich in eine freiere Sprache überzugehen. Das setzt die Übung in der Bildbetrachtung voraus, ebenso das Umschreiben biblischer Texte in die Ichform. Man wird erstaunt sein, zu welchem sprachlichen Ausdruck auch eher zurückhaltende Teilnehmer in der Lage sind. Zu besonders ergreifenden Texten können Erwachsene sich dann steigern, wenn bei ihnen die Gottes- und die Selbsterfahrung ineinanderschwingen.

Ich bin Mirjam von Magdala

Ich vergehe vor Scham.
Mich treffen die Blicke wie Nadelstiche:
„Diese ist auch so eine!"
Ich habe mich der Liebe hingegeben.
Voll Lust und Vergnügen, voll Tiefe und Schönheit.
Ich habe viele Männer geliebt,
und viele Männer haben mich geliebt oder nur gewollt.
Sie kannten und kennen mich auf der Straße,
doch da wollen sie mit mir nichts mehr zu tun haben.
Ich spüre den sozialen Tod,
die Verachtung und die Ächtung bei lebendigem Leib.
Ich kenne die Gebote der Sitte und der Religion.
Und oft genug bin ich der Steinigung entgangen,
Nicht aber der Steinigung der Verachtung.
Viele kennen diesen sozialen Tod, diese Verachtung:
Frauen wie ich, die heimatlos umherirren;
Kinder, die ihren Leib verkaufen, um zu überleben;
Menschen, die jene ihres Geschlechts lieben;
Liebende und Paare, die gescheitert sind
und nun ihr Leben mit einem neuen Partner versuchen …
Manchmal sind wir verzweifelt oder auch voll Hoffnung.
Immer aber auch voll Hoffnung nach gutem Gelingen,
nach einem endlichen Gelingen der Liebe.
Vielleicht suchen wir durch alle Lieben hindurch Gott,
doch wo können wir ihn finden?
Aus den Vorhöfen der Tempel werden wir verjagt,
die Gotteshäuser sind uns verschlossen.

Die Hüter der Religion steinigen uns mit Vorwürfen,
verachten uns mit ihrer kalten Gerechtigkeit.
Sie überlassen uns Gott
und meinen dabei sein Gericht.
In ihren Kreisen finden wir keinen Platz,
in ihren Gebeten werden wir kaum genannt.
Und doch kennen wir, was Liebe ist,
wir lieben ohne Verachtung und Strenge.
Wir haben gelernt, uns zu verströmen,
unsere Seele auszugießen wie kostbares Öl,
unseren Leib hinzugeben, wie es nur Liebende können.
Wenn Gott doch menschlich wäre,
wir hätten gelernt, ihn zu lieben.
Wenn Gott selbst ein liebendes Fleisch und Blut hätte,
wir müssten uns ihm hingeben.
Bist du, Jeschua, bist du ein Gott aus Fleisch und Blut?
Weißt du, was Liebe ohne Verachtung,
Religion ohne tödliche Gesetze ist?
Ich trete nur von hinten an dich heran.
Ich verströme meine Liebe wie kostbares Nardenöl
an dich,
ich salbe dir deine Füße nur,
doch meine Tränen strömen und strömen,
sie lassen sich nicht stillen,
weil sich meine Liebe nicht stillen lässt.
Wie unbeholfen, sie mit meinen Haaren zu
trocknen, deine Füße.
Wenn Gottes Liebe Fleisch würde,
wie würde die Liebe meines Fleisches göttlich!
Seine Gnade und seine Huld würden mich
reinwaschen,

sein Wille würde auch mich wollen und erwählen.
Was ich an Liebe gelernt und verschwendet habe,
würde ich an ihn verschwenden,
verschwende ich an dich, meinen Gesalbten,
meinen von mir Gesalbten.
Ich liebe dich, mein Geliebter,
Weil du so bist, wie du bist!

III. Psychotherapie – Religion – Pädagogik

Ich bin Priester und war an der theologischen Fakultät als Religionspädagoge und Pastoraltheologe tätig. Mit 45 Jahren bin ich erblindet. Um mir neben dem Gebet Hilfe zu holen, nützte ich auch die Angebote der Psychotherapie. Weil ich damals immer noch in der Lehrerausbildung tätig war, merkte ich sehr rasch, welche Möglichkeiten die Verbindung von Psychotherapie, Religion und Pädagogik (oder Erwachsenenbildung) bringt. Daraus habe ich in 25-jähriger Arbeit zusammen mit meinen Mitarbeitern und Mitarbeiterinnen ein Modell von Weiterbildung für Erwachsene entwickelt, das in eigenen Abenden oder Wochenenden, aber auch als fortlaufender Kurs (die so genannten „Höferkurse") angeboten wird. Aus ihnen entstanden die Publikationen, auf die ich mich in den nachfolgenden Aufstellungen beziehen werde. Das Ziel dieser Kurse ist ein Dreifaches:

A. Eine durch Psychotherapie unterstützte Persönlichkeitsbildung
B. Die Gewinnung eines biblischen Menschenbildes und einer biblischen Spiritualität
C. Die Aneignung von Gestaltmethoden einer ganzheitlichen und helfenden Pädagogik (Andragogik)

A. Die Persönlichkeitsbildung des Pädagogen bzw. Erwachsenenbildners

Die Persönlichkeit des Pädagogen ist vermutlich sein wirksamstes „Werkzeug" oder „Medium" des Handelns. Die Persönlichkeitsbildung ist darum das Hauptziel unserer Kurse, das durch vorgegebene Themen des persönlichen Reifens durch die heilbringenden Bilder des biblischen Menschenbildes und durch Methoden aus der Pädagogik und der Selbsterfahrung vorgegeben ist (wodurch diese Kurse sich von einer problemorientierten Beratungsgruppe unterscheiden). Die Themen werden entsprechend dem Verlauf, wie sich eine Person einem Nachreifen, neuem Wachstum und einer selbstverantworteten Persönlichkeitsentwicklung unterzieht, folgen. Ihre Reihenfolge ist also nicht willkürlich gewählt, wird aber entsprechend dem Entwicklungsgrad der Gruppe variiert.

In unserer bereits 25-jährigen Kurstätigkeit gestaltpädagogischer Erwachsenenbildung haben sich jene Probleme herauskristallisiert, die unbedingt behandelt werden wollen – wir haben sie in 14 Themen aufgelistet. (s. u. S. 126ff). Ihre Reihenfolge ist nicht willkürlich, sondern entspricht einem therapeutischen Prozessverlauf, der (wie beim Rosenkranz) eine Perle nach der anderen abtastet. In der öffentlichen Erwachsenenbildung lassen sich nun die kostbaren Perlen der Identitätsbildung und der Heilsfindung auch einzeln herausgreifen und bei verschiedenen Gelegenheiten behandeln: als Vorträge, Seminare, Einkehrtage, Sommerakademien und anderes mehr. Hier gewinnt (wie beim Schach) der „Eröffnungszug" eine große Bedeutung, muss er doch die Teilnehmer motivierend in das Thema so einführen, dass über die Information hinaus sogleich eine Tiefenerfahrung in der eigenen Person stattfindet. Für diese Aufgabe erscheint uns die Themenstellung, die Bildwelt und der Strukturverlauf klassischer Märchen in tiefenpsychologischer Interpretation sehr geeignet. Ich schlage jeweils ein oder zwei Märchen von den Gebrüdern Grimm vor und interpretiere deren Aussage mit ein paar Sätzen. Der Kursleiter kann das Märchen interpretierend nacherzählen und dadurch auf das anstehende Thema und seine Verarbeitung vorbereiten.

B. Das biblische Menschenbild

Wir gestalten das Nachreifen und die „Nacherziehung" unserer Persönlichkeit nicht wertfrei, denn wir wissen uns dem biblischen Menschenbild mit all seinem Reichtum verpflichtet. Wir beziehen von ihm Orientierung für unsere Lebensgestaltung, Erleuchtung für unsere religiöse Erfahrung und Hilfe für die alltägliche Aktualisierung und Umsetzung. Wir greifen dabei auf die großen biblischen Erzählzyklen zurück, die von höherer Gestaltqualität sind als dogmatische Sätze. Wir stellen die Themen unserer Persönlichkeitsbildung in die biblischen Menschenbilder hinein und beziehen sie aufeinander, was besagt, dass die biblischen Themen im Anschluss und in Korrelation zu den psychologischen und therapeutischen Arbeiten gewählt werden, aber über diese hinausführen. Dieses Transzendieren, diese transpersonale Psychologie wird hier und jetzt durch Rituale und Liturgien zur Ressource von Erlösung.

C. Gestaltmethoden

Die Methoden, die wir einsetzen, sind Gestaltmethoden, denn:

a. Sie sind ganzheitlich, sie bringen alle Sinneskanäle des Menschen ins Spiel.
b. Sie sind kreative Methoden, d. h., wohl sind durch das Thema Regeln vorgegeben, nicht aber ihr Ergebnis, dieses ist der individuellen Person auf den Leib geschneidert.
c. Sie ermöglichen eine tiefenpsychologische Selbsterfahrung.
d. Sie sind auch im Bereich der Pädagogik anwendbar – auf der Ebene der Fantasie.

Diese Methoden finden sich in meinen und meiner Mitarbeiter/innen Bücher genau beschrieben. Ein Register im Anhang an die Beschreibung der Gestaltkurse (s. S. 126ff) und die Literaturhinweise (s. S. 138f.) erleichtern das Auffinden der Methoden in diesen Büchern.

Gestaltkurse nach Albert Höfer

1. Der heilende Jesus (Einführungskurs)

Die Gestaltpädagogik hat umfangreichere Lernziele als die Schule, sie beachtet vor allem das Persönliche und Entwicklungsfähige am Schüler. Wir setzen unser behindertes und beschädigtes Menschsein zum heilenden Jesus in Beziehung durch die Bildbetrachtung der Heilungserzählungen und durch kreatives Psalmenschreiben.

A: Persönlichkeitsaspekte	B: Religiöse Inhalte	C: Methoden
Das Märchen „Die Sprache der Tiere“ kennt die Lernfelder der Identität, Aggressivität, Sexualität und Spiritualität Fantasiereise: In der Landschaft Galiläas Jesus beobachten	Das biblische Menschenbild in den Jesusheilungen Das Ankommen der Gottesherrschaft in den Heilungen einst und heute Die Jesusbegegnungen und die Struktur der Klagepsalmen: Höfer I, 169, 180 mit Bildern von Anne Seifert Klagepsalmen und ihre Struktur: Höfer II, 19	– Ganzheitliche, leibbezogene Bildbetrachtungen: Höfer I, 25–29 – Leibhaftig sehen: Höfer I, 170 – Leiblich einprägen: Höfer I, 174, 183 – Kreatives Schreiben: Höfer I, 45–47; Müller (98) 62ff, 72ff; Rendle 157ff – Selbsterkenntnis beim Vorlesen: Höfer I, 95 – Imagination zu biblischen Texten: Rendle 147f – Bedeutung des meditativen Psalmensingens und Tanzens: Höfer I, 63f – Tanz und Pantomime: Höfer II, 205

2. *Mein Ich als Baumgestalt*

Durch die kreative Selbstdarstellung im Bild eines Baumes zeige ich mich der Gruppe. Diese lernt bei ihrem Feedback die Unterschiede von Wahrnehmung, Einfühlung und Unterstützung anzuwenden. Der Psalm 1 zeigt uns im Bild des Baumes unsere Verantwortung für unser Wachsen und Reifen.

A: Persönlichkeitsaspekte	B: Religiöse/biblische Inhalte	C: Methoden
„Das tapfere Schneiderlein" oder „Aschenputtel" zeigen, was oder wer ich aus dem kleinen „Nichts" wurde durch: Schlauheit, Entschlossenheit und Glück. Fantasiereise: Auf einer Wiese unter Bäumen liegend	Der Gerechte als „Baum" wurzelt in Gott, ist lebendig und trägt die Früchte seiner guten Taten und Entscheidungen: Psalm 1 und Psalm 52,10.	– Baummeditation mit Leib und Gong – kreatives Malen: Höfer I, 86 – Baum/Pflanze: Höfer I, 90f; Rendle 82 – Klassenwald: Höfer I, 91 – Tiersymbolik: Höfer I, 107 – Wahrnehmungsübungen an anonymen Bildern – verdecktes Feedback: Höfer I, 90, 143 – Was kann ich vom Feedback der anderen annehmen? Rendle 119, 129, 131 – Klasse aus der Vogelperspektive: Rendle 75; Müller (1998) 112ff, 52ff, 70f, 113, 97ff

3. Das Bibliodrama

Durch nichts kann die Heilsgeschichte so vergegenwärtigt werden als durch das Bibliodrama. Das biblische Spiel, jede Rolle, jeder Aspekt des Geschehens kann ein Teil von uns sein und stellt uns in die Gegenwart Gottes. Die verschiedenen Rollen ziehen uns in das biblische Geschehen hinein.

A: Persönlichkeitsaspekte	B: Religiöse/biblische Inhalte	C: Methoden
Viele Märchen sind als „Reisen der Helden" Erlösungsgeschichten durch alle Gefahren des Lebens hindurch. „Die zwei Brüder" (Uwe Steffen, Kreuzverlag). Die therapeutische Wirkung des Bibliodramas findet sich auch im symbolischen Spiel. Fantasiereise: Reise in eine biblische Zeit und ihre Landschaft: Welche Personen tauchen auf?	Die Gleichzeitigkeit des biblischen Geschehens im Hier und Jetzt Das Bibliodrama als kreativer Selbstausdruck innerhalb der Gottesgeschichten, u.a. der Bekehrungsweg Jakobs: Höfer I, 131 Das Bibliodrama als eine Art Fleischwerdung des Wortes.	– Die Pantomime, an der man die Körpersprache ersehen und erlernen kann: Höfer II, 70; Müller (1998) 91ff – Das theatralische Spiel als intensivste Lernform – Die Involvierung, das Mitlernen der Zuschauer – Bibliodrama, Pantomime oder gelenktes Rollenspiel: Höfer I, 186–188; Höfer II, 115, 215–235; Rendle 139ff – Pantomimisches Bibliodrama: Höfer II, 70 – Erlebnisspiel (Mose): Höfer II, 71; Müller (1998)77ff – Gott in meiner Lebensgeschichte: Rendle 67f – Die neunte Symphonie von Dvorak – „Aus der neuen Welt"

4. Ich und mein Familiensystem Mein Erleben und Verhalten in den Gemeinschaften (Familie, Gruppe, Klasse...) sind von der Stellung geprägt, die ich in meinem Familiensystem einnahm und einnehme. Erst die Entdeckung dieser Rollenmuster ermöglicht ihre Veränderung.		
A: Persönlichkeitsaspekte	B: Religiöse/biblische Inhalte	C: Methoden
Die Erkenntnisse der systemischen Familientherapie lehren uns, die Schüler auf ihrem (Familien)-Hintergrund zu erkennen und zu verstehen. Durch gruppendynamische Selbsterfahrung wird der „systemische Blick“ und der gerechte Umgang mit Schülern geübt. Fantasiereise: Am Waldrand sitzend, vor und hinter sich Tiere ahnend.	Heilsgeschichte als Familiengeschichte: die Familien Abrahams, Jakobs und Josefs: Höfer I, 113 (Abraham); Höfer I, 131 (Jakob) Elischa entgiftet die Gemeinschaft: Höfer II, 89ff Die Familiengeschichte als Heilsgeschichte mit ihren Tiefen und Verheißungen.	– Das Münzsoziogramm: Höfer I, 167; Müller (1998) 120f – Das Zeichnen meines Sonnensystems der Beziehungen: Höfer I, 167 – Familienaufstellungen – Verschiedene Formen von Soziogrammen (Schuh- oder Bonbonsoziogramm)

5. *Die Elternbotschaften*

Die verschiedenen Wünsche oder „Verfluchungen" der Eltern an ihre Kinder, die so genannten „Elternbotschaften" leiten unser Handeln. Wir rufen sie in unser Selbstbewusstsein zurück, um sie zu sichten, zu eliminieren und zu verbessern.

A: Persönlichkeitsaspekte	B: Religiöse/biblische Inhalte	C: Methoden
Viele Eltern werden in den (Grimmschen) Märchen symbolisch dargestellt: Frau Holle, der treue Johannes, das Mädchen ohne Hände, (vgl. deren Interpretationen von E. Drewermann). Das Menschenbild der Psychoanalyse (S. Freud) und der Transaktionalen Analyse: Höfer II, 150 („Introjekte"). Fantasiereise: Das eigene Elternhaus mit all seinen Räumen besuchen: Höfer I, 125	Jesus als Therapeut: Höfer II, 146 Gewissensbildung: Höfer II, 134 Vom äußeren zum inneren Meister: Höfer II, 177 Jesus als Meister und Pädagoge: Höfer II, 179, 189	– Elternbotschaften skizzieren (Regenschirm): Höfer I, 125f; Müller (98)125 – Auseinandersetzung mit Elternfiguren durch den „leeren Stuhl" – Briefe an die Märchenfigur

6. Elternbilder – Gottesbilder

Die Eltern prägen unsere Kindheit und unseren Charakter. Wir übertragen unsere Elternbilder vielfach auf unser Gottesbild und lernen dieses (oft mit Hilfe der Mythen) von den Schlacken der Elternbilder zu reinigen.

A: Persönlichkeitsaspekte	B: Religiöse/biblische Inhalte	C: Methoden
Die Mythen „Isis“ (Höfer III, 57f.), „Athene“ (Höfer III, 60f.), „Prometheus“ (Höfer III, 87ff.) lassen die Übertragung von Elternbildern auf Gott erkennen und ermöglichen eine kritische Auseinandersetzung. Fantasiereise: Besuch einer Waldkapelle.	Das Bild eines befreienden und sich offenbarenden Gottes im Mosezyklus (Höfer II, 43ff): Welches Bild spricht mich besonders an? Welchen Gott ersehne ich in mein Leben herein?	– Kreatives Malen in Bilderfolgen aus dem Unbewussten, meine Bilder als „Zugsalben“ für mein Unbewusstes – ich erzähle meine Geschichten/Selbstanalyse: Höfer I, 86, 98; Müller (1998) 44ff – Das Glaubenspanorama als individuelle Glaubensentfaltung: Höfer I, 123f; Müller (1998) 97ff – Übungen zum Mosezyklus: Höfer II, 62ff

7. Charakter und Neurosen

Meine Entwicklungsgeschichte prägt zugleich meinen Charakter aus: seine Stärken, seine Schwächen und seine neurotischen Defizite. Selbsterfahrung und Selbsterkenntnis helfen uns, auch unsere Schüler auf ihrem Hintergrund besser zu verstehen und zu behandeln.

A: Persönlichkeitsaspekte	B: Religiöse/biblische Inhalte	C: Methoden
„Hänsel und Gretel" beschreibt die Entwicklungsgeschichte; die Neurosenstrukturen nach S. Freud zeigen jene Defizite der Charaktere auf, die in den Enneagrammtypen beschrieben werden. Höfer II, 137ff. Fantasiereise: Von der Quelle den Flusslauf bis ans Meer mitgehen.	Jesusheilungen (als Bibliodrama gespielt): Heilung aus paranoiden Ängsten (Seesturm), aus Depression (der junge Mann von Naim), aus Zwanghaftigkeit zum Verurteilen (die Ehebrecherin), aus der Verkrümmung (die gekrümmte Frau).	– Das Haus meiner Seele: Höfer II, 146 – Charakterkunde, Charaktertypen – Enneagrammtypen: Höfer II, 144ff

8. Die Kunst des Liebens

Die Spielarten der Liebe lernen wir anhand der Eltern, Geschwister, Schulkameraden, Freunde und Liebespartner. Durch kreatives Malen und Feedback der Gruppe erkennen wir unsere Liebesfähigkeit.

A: Persönlichkeitsaspekte	B: Religiöse/biblische Inhalte	C: Methoden
Märchen zeigen die Konstellationen des Lebens mit ihren Möglichkeiten oder Defiziten an Liebesverhalten:	Die Liebesmängel wollen zur reifen Liebesfähigkeit erlöst werden: das Buch Tobit (Höfer II,	– Rosenstöcke in 4 Feldern malen: Höfer I, 147; Müller (98) 44ff

Der Froschkönig (die Vatertochter), Brüderchen und Schwesterchen, Schneewittchen (die vergiftende Mutter), der Trommler (die Überwindung der Mutterbindung) Fantasiereise: Mich als Rosenstock erleben: Höfer I, 147f	117ff), die Brunnen Isaaks (Höfer II, 167), biblische Frauenschicksale (vgl. Angelika Meißner: „Und sie tanzten aus der Reihe"), Davids Sünde als Liebesverfehlung (Höfer I, 162ff)	– Versöhnungsarbeit: Schritte des Verzeihens: Höfer III, 232f; Müller (98) 25ff

9. Identität – Rolle und Maske

Die „Rolle" bezeichnet meinen Platz in einer Gruppe wie: Familie, Beruf, Gesellschaft ... Zur Maske erstarrt, kann meine Identität dahinter verkümmern. Wir streben personale Echtheit und Rollenflexibilität an.

A: Persönlichkeitsaspekte	B: Religiöse/biblische Inhalte	C: Methoden
„Des Kaisers neue Kleider" als Beispiel von Unechtheit. Das Menschenbild von C.G. Jung als Hilfe zur Selbsterkenntnis (Maske, Schatten, Anima, das Selbst...) Die Wolfgangslegende als Weg zur Selbstwerdung: Höfer III, 90 Fantasiereise: Maskenzug auf einem italienischen Marktplatz.	Die biblischen Personen als Rollen vor Gott: Typologie, kollektive Personen wie Abraham. Mein Verhalten vor Gott lernen durch Übernahme einer Rolle, durch Identifizierung: Höfer I, 124 und Höfer III, 158 ff	– Die Maske als Schatten erspüren, kreative Maskenarbeit: seine Maske malen, sich dem Feedback der Gruppe aussetzen – Der Maskentanz und mein typisches Verhalten: Rendle 122ff (Ich bin mein Freund, ich bin mein Feind)

10. Krisen und Krisenverhalten

Eine Krise tritt ein, wenn Schwierigkeiten mit bisher geübten Strategien nicht mehr gemeistert werden können. Wie kann ich durch meine Tiefpunkte und meine (Sterbens-) Ohnmacht so hindurchgehen, dass dies mir zur Chance einer Neugeburt, einer Verwandlung wird?

A: Persönlichkeitsaspekte	B: Religiöse/biblische Inhalte	C: Methoden
Aufspüren vergangener Lebenskrisen: Wie habe ich sie bewältigt? In welchen Krisen und Chancen stecke ich heute? Märchen: „Rotkäppchen" Fantasiereise: Als Jona aus dem Fischbauch ausgespieen werden.	Der Weg des Propheten Elia als Berufskrise: Höfer II, 84ff. Die Passion Jesu als größte Krise, in der Gott das Elend der Welt überwindet: Wie verhält sich dabei Jesus? (Höfer I, 191)	– Leibarbeit mit dem Tunnel – Das Malen des Lebenspanoramas – Sterben und Loslassen: Höfer I, 206 ff – Der Tod ist Leben: Rendle 87f – Mein persönliches Märchen erfinden und schreiben

11. Leib und Leiblichkeit

Der Leib ist das Medium meiner eigenen Geschichte (wie die Jahresringe in einem Baum). Durch Leibarbeit können wir an unserer Geschichte heilend mitwirken.

A: Persönlichkeitsaspekte	B: Religiöse/biblische Inhalte	C: Methoden
Leib und Leiblichkeit als Ausdruck meines Ichs und meiner Sexualität	Ich als von Gott geliebtes Geschöpf. Der Schöpfungszyklus mit Bildern von Anne Seifert: Höfer I, 50f	– Tontöpfern: Höfer I, 86f – Leibarbeit: Höfer I 170, 174, 183; Rendle 49f, 83f, 98

Märchen: „Die Gänsemagd“, „Einer der auszog das Fürchten zu lernen“ Fantasiereise: Museumsbesuch	Bileam oder mein Umgang mit meinem Leib: Höfer II, 77ff	– Ich bin Ebenbild Gottes: Rendle 79f, 83f

12. Geschlecht und Identität als Mann und Frau

Wird die Geschlechterrolle durch neues personales Reifen unterstützt, dann wird ein neues Liebesverhalten gewollt, ermöglicht und verwirklicht.

A: Persönlichkeitsaspekte	B: Religiöse/biblische Inhalte	C: Methoden
Mann und Frau: Männerbild (der Krieger, Liebhaber, König, Vater, der Sänger), das Frauenbild (Skylla, die Circe als Mutter, Kalypso und Nausikaa als Geliebte, Penelope als Königin und Gattin, Athene als weise Schwester, aus der Odysee). Märchen: „Allerlei-Rauh“ (eine Missbrauchsgeschichte), „Die Schöne und das Tier“, „Der Froschkönig“ Fantasiereise: An eine Quelle zu einem weisen Mann wandern oder zu einem barocken Lustgarten mit Figuren.	Das Hohelied aus dem Alten Testament. Der Davidszyklus mit seinen vielen Beispielen von Liebesverhalten: Höfer I, 151ff	– Gespräch in Frauen- und Männergruppen – Übungen zur Partnerschaft: Höfer I, 144–147 – Erlösung in Partnerkrisen: Höfer III, 181ff – Gebet zu Gott, der Quelle des Lebens: Höfer II, 58 – Kommunikationssperren – Gesprächsblocker – Beziehungsblocker: Rendle 103ff – Gefühle wahrnehmen und einander mitteilen: Rendle 125f

13. Meine Lehrer- bzw. Berufsrolle

Gestaltpädagogische Bildungsarbeit hat persönlich bedeutsames Lehren und Lernen im Sinn: Wie komme ich mit und durch die Lehrinhalte so an die Lernenden heran, dass ihr persönliches Wachstum gefördert wird? Wie kommt durch meine Rolle hindurch meine Person ins Spiel?

A: Persönlichkeitsaspekte	B: Religiöse/biblische Inhalte	C: Methoden
Wie erlebe ich mich in meiner Berufsrolle? Wie erleben andere mich von außen? Stimmen Selbstbild und Fremdbild überein? Was muss ich ändern? Märchen: Rumpelstilzchen“ (oder: die überforderte Müllerstochter) Fantasiereise: Erinnerung an eine geliebte Lehrerin in der Grundschule.	Der Prophet Elischa als Friedensstifter: Höfer II, 89f., Höfer III, 222 Mose kann sein Volk führen, weil er sich von seinem Gott führen lässt: Höfer II, 45f, 52f, 59f. Jakob in uns: Höfer II, 170ff.	Supervision und Intervision anhand des Gestaltpädagogischen Quadrates: 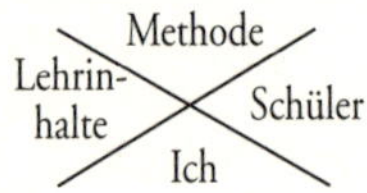

14. Zukunft und Zielarbeit

Erst die Vision einer alternativen Zukunft entdeckt deren Spuren schon in der Vergangenheit, die als Kraftquellen einer schrittweisen Veränderung dienen. Welche meiner Klagen brauchen dringend eine alternative Vision? Welche konkreten Schritte einer spürbaren Veränderung will ich gehen?

A: Persönlichkeitsaspekte	B: Religiöse/biblische Inhalte	C: Methoden
Die Persönlichkeit entsteht durch die freien Taten ihrer Entscheidungen und Handlungen. Die Stufen des moralischen Reifens vom Kind zum selbstverantworteten Erwachsenen. Märchen: „Der goldene Vogel" Fantasiereise: Das Epigramm meines Grabsteines umschreiben oder Bergbesteigung mit Schwierigkeiten.	Noahs Bau der Arche und seine Neugestaltung der Erde (Pflanzung des Weinstockes): Höfer I, 101ff Die Entschiedenheit der biblischen Frauen: Höfer II, 111ff	– Einübung meiner eigenen Schritte in die Zukunft – Übung des Sprachverhaltens mit Schülern: Wortbrücken

Literatur

Höfer I:
Albert Höfer: Gottes Wege mit den Menschen. Ein gestaltpädagogisches Bibelwerkbuch, Don Bosco Verlag, München 2. Aufl. 1997.

Höfer II:
Albert Höfer: Ins Leben kommen. Ein gestaltpädagogisches Bibelwerkbuch, Don Bosco Verlag, München 1995.

Höfer III:
Albert Höfer: Heile unsere Liebe. Ein gestaltpädagogisches Lese- und Arbeitsbuch, Don Bosco Verlag, München 1997.

Diese Bücher von Albert Höfer erläutern Wesen und Art der Gestaltpädagogik. In zehn Zyklen werden die großen biblischen Gestalten exegetisch fundiert, jedoch in meditativer Sprache erschlossen: Adam und Eva, Noah, Abraham und Sara, Jakob und Esau, Mose, David, Elia und Elischa, biblische Frauengestalten, der heilende Jesus, Jesu Passion und Auferstehung und Elternbilder – Gottesbilder.

Zu den meditierenden Texten gesellen sich 90 (!) Bilder von Batiken der Künstlerin Anne Seifert, die als Farbtafeln abgedruckt und in zehn Hellraumfolien beigegeben sind. Das Methodenregister (s. S. 140ff.) zeigt, welcher Reichtum an Praxisvorschlägen in den Büchern zu holen ist.

Außerdem bietet Albert Höfer und die von ihm initiierten Gestaltpädagogischen Institute Fortbildungen an Wochenenden, in Sommerkursen und vor allem eine Gestaltpädagogische Ausbildung in einem ca. drei Jahre dauernden Kurs an.

Nähere Informationen dazu bei:

Albert Höfer
Baiernstr. 54
A- 8020 Graz
Tel: 0043/316584515

Oder:

Integrative Gestaltpädagogik
in Schule, Seelsorge und Beratung – Bayern e. V.
Erikaweg 84
D-93053 Regensburg
Tel: 0941/72534

Weitere Literatur:

Alois Müller: Gestaltpädagogik in Religionsunterricht und Gemeinde, Katholisches Bibelwerk, Stuttgart 1998.

Ludwig Rendle u. a.: Ganzheitliche Methoden im Religionsunterricht, München 1996.

Uwe Steffen: Die zwei Brüder, Kreuz-Verlag, Stuttgart 1986, eine wichtige Einführung in die tiefenpsychologische Märcheninterpretation.

Stichwortverzeichnis zu methodischen Vorschlägen und Anregungen

(Die Seitenverweise beziehen sich auf die drei auf S. 138 genannten Bücher von Albert Höfer)